Harun Pačić

# Das Recht als Struktur der Gesellschaft

## Über die Rechtssoziologie von Niklas Luhmann

Vortrag,
gehalten an der Universität Wien

FSC
www.fsc.org
MIX
Papier aus verantwortungsvollen Quellen
Paper from responsible sources
FSC® C105338

Bibliografische Information der Deutschen Nationalbibliothek:
Die Deutsche Nationalbibliothek verzeichnet diese Publikation in der Deutschen Nationalbibliografie; detaillierte bibliografische Daten sind im Internet über http://dnb.dnb.de abrufbar.



Herstellung und Verlag: BoD – Books on Demand, Norderstedt

ISBN: 978-3-7578-8775-9

# Inhaltsverzeichnis

## Vorblick

RECHTSSOZIOLOGIE gibt es, wie NIKLAS LUHMANN im Jahr 1972 festhielt, erst seit der zweiten Hälfte des 19. Jahrhunderts;[1] erst, seit sich die aufkommende Soziologie von der „alteuropäischen Tradition" einer „natürlichen" oder „vernünftigen" Rechtslehre distanziert hat.[2] Ihm fiel auf, dass *die Positivität des Rechts*, das ist „jenes Phänomen, das mehr als alles andere das Recht der neuzeitlichen Industriegesellschaft auszeichnet", dabei „so gut wie unbeachtet" geblieben war.[3]

---

[1] N. Luhmann, *Rechtssoziologie 1*, Rowohlt, Reinbek bei Hamburg 1972, S. 10. Nachdem er bereits *einführend* bemerkt hatte, dass ein Mindestmaß an Orientierung am Recht für menschliches Zusammenleben unerlässlich und jeder Lebensbereich durch Recht geprägt sei (a. a. O., S. 1), hätte Luhmann seinen Rückblick auf die *klassischen Ansätze* zur Rechtssoziologie mit dem Hinweis darauf beginnen können, dass die Soziologie sich von ihrem Anfang an für Recht interessiert hat. Stattdessen fokussierte er auf den Unterschied in der „modernen" Sichtweise auf das Recht gegenüber der alten Lehrtradition (arg. „erst, seitdem"). Jedenfalls war die obige „äußerliche Feststellung", seit wann es Rechtssoziologie gibt, nicht nur als „gleichsam terminologische Selbstverständlichkeit" gemeint (a. a. O., S. 10).

[2] Zum Naturrecht in der letzten Phase als Vernunftrecht: K. v. Martini, *Lehrbegriff des Naturrechts*, Blumauer, Wien 1797; J. Ch. Hoffbauer, *Naturrecht*, Hemmerde und Schetschke, Halle 1798; I. Kant, *Metaphysische Anfangsgründe der Rechtslehre*, 2. Aufl., Friedrich Nicolovius, Königsberg 1798; F. v. Zeiller, *Das natürliche Privat-Recht*, Ch. F. Wappler und Beck, Wien 1802; G. W. F. Hegel, *Grundlinien der Philosophie des Rechts*, in der Nicolaischen Buchhandlung, Berlin 1821; H. R. Stöckhardt, *Die Wissenschaft des Rechtes oder das Naturrecht*, Reclam, Leipzig 1825; G. N. Schnabel, *Die Wissenschaft des Rechts (Naturrecht)*, C. Gerold, Wien 1842; H. Ahrens, *Das Naturrecht*, Westermann, Braunschweig 1846. Die damals herausgearbeiteten Grundsätze sind im geltenden Privatrecht noch z. T. relevant. Vgl. H. Pačić, *Das strikte Recht: Zivilrecht*, Manz, Wien 2019.

[3] Luhmann, *Rechtssoziologie 1*, S. 10-12, bemerkte, dass das sog. Vernunftrecht eine Rechtssoziologie insofern vorbereitet habe, als mit

Um „Rechtspositivität" *soziologisch* zu ergründen, setzte er system- und gesellschaftstheoretisch an, indem er fragte, „wie Recht als Struktur eines sozialen Systems möglich ist."[4]

---

dem Gedanken an einen *Sozialkontrakt* vorstellbar geworden sei, dass die Zwangsläufigkeit von Recht für die Gesellschaft keinesfalls zur Annahme vorgegebener „wahrer" Normen zwinge. Die Bedingtheit der „Auswahl" des Rechts*inhalts* aus „sinnhaften Möglichkeiten" habe her*nach* das Interesse einer neuen Wissenschaft auf sich gezogen, nämlich der Soziologie. *Klassische Ansätze* zeichneten sich ihm zufolge dadurch aus, dass sie das Recht, obzwar immer noch, so doch *nur* „aus dem Bezug zur Gesellschaft" für *bestimmt* hielten (arg. „gesetzmäßiger Fortschritt der Zivilisation"). Neueren Ansätzen hielt Luhmann vor, nicht mit *Recht*, sondern nur mit juristischen Rollen, Berufen und Karrieren, Kleingruppen oder Meinungen *über* Recht befasst zu sein.

[4] Luhmann, *Rechtssoziologie 1*, S. 8. Verschiedene Forschungsrichtungen hätten „in übersteigerter Isolierung" einzelne Aspekte der Gesellschafts- und Rechtsentwicklung „als charakterisierende Merkmale herausgestellt" (a. a. O., S. 12-26). *Karl Marx* habe den Antrieb für die „naturgesetzlich-dialektische gesellschaftliche Entwicklung" in den sozialen „Widersprüchen", „die sich im Laufe der Entwicklung von Produktion und Bedürfnisbefriedigung ergeben", erblickt. Diese Entwicklung gehe dahin, dass eine Vergesellschaftung des Eigentums möglich werde, die die Bedürfnisbefriedigung (Verteilung) von der Produktionsentscheidung („Planung") trenne, objektiviere und interessen-/klassengebundenes Recht durch Rationalität ersetze.

Ihm sei es um ein „höheres Maß an strukturell zugelassener Variabilität" gegangen, wobei er ein Problem vor Augen gehabt hätte, welches *Henry Sumner Maine* unter einem anderen Blickwinkel als „Bewegung von Status zu Kontrakt" gekennzeichnet habe. Mit diesen Begriffen seien divergierende „Grundprinzipien des Aufbaus einer Rechtsordnung" gemeint: Die „familienmäßige" und später die „ständische" Struktur habe „ziemlich konkret zugleich die Verteilung von Rechten und Pflichten" geregelt. Nach und nach hätte die Wirtschaft „zur Auflösung allzu kompakter, traditional überlieferter, nur lokal gültiger Kombinationen" sowie zur Entlastung von unnötig gewordenen gesellschaftsstrukturellen Voraussetzungen für die „laufende Verteilung" von Rechtspositionen gezwungen.

„Eine Generation später" habe *Émile Durkheim* auf die „nichtvertraglichen", also gesellschaftlichen, „Grundlagen des Vertrags" hingewiesen. Das Recht sei Ausdruck der „Solidarität" einer Gesellschaft.

*Max Weber* habe herausgearbeitet, dass das Recht von primär materialen („ethisch inhaltlich festgelegten") auf primär formale, d. h.

Ich werde mich im Nachvollzug der Antwort darauf nicht auf seine „Rechtssoziologie" beschränken, sondern diese im Lichte der Ausführungen über „Das Recht der Gesellschaft" aus dem Jahr 1993 *aktualisieren.*[5]

„begrifflich abstrakt präzisierte, verfahrensmäßig optimal praktizierbare Qualitäten umgebaut werden" habe müssen, um der neuzeitlichen Gesellschaftsentwicklung gerecht zu werden.

*Talcott Parsons*, bei dem Luhmann „gelernt" hatte, habe, so vermerkte er, die sozialen Systeme „von der Unerlässlichkeit ihrer normativen Struktur her" zu bestimmen versucht: Wenn Handelnde in Bezug aufeinander handeln wollen, dann müssen wechselseitige Verhaltenserwartungen integriert sein, was mit Hilfe der Stabilität dauerhafter, lernbarer, verinnerlichungsfähiger Normen geschehe.

Auf die „Grundlegung der Soziologie des Rechts" (1913) von *Eugen Ehrlich*, der als der *eigentliche* Begründer der Rechtssoziologie gilt, ging Luhmann kaum ein. Im Gegensatz zu Rudolf von Jhering, Philipp Heck oder Roscoe Pound, „die sich mit einer soziologisierenden Rechtswissenschaft," die bei der Gesetzesauslegung auf Interessen abstellt, begnügt hätten, habe dieser die Jurisprudenz selbst auf Rechtssoziologie zu begründen versucht. Soziologisch verstehe sich jedoch von selbst, dass das Recht „Recht der Gesellschaft" sei und sich mit ihr verändere; seine Forschung über die „Rechtstatsachen" des vorjuristischen sozialen Lebens bleibe „theoretisch unzulänglich begründet und relativ unergiebig", überdies sei „sein Rechtsbegriff unklar."

[5] N. Luhmann, *Das Recht der Gesellschaft*, Suhrkamp, Frankfurt am Main 1993.

Die *Struktur* eines Systems hat die Funktion, Komplexität zu regulieren.[6] Die Strukturen *sozialer* Systeme, die gesellschaftlichen Strukturen,[7] sind „Erwartungsstrukturen".[8]

Im Horizont einer Fülle sinnhafter Möglichkeiten, derer es stets mehr gibt als aktualisierbar sind, und in Anbetracht einer Wirklichkeit, die sich als erwartungswidrig erweisen kann, wird „der Mensch" der *Komplexität* und zugleich der *Kontingenz* der Umwelt gewahr.[9]

---

[6] Luhmann, *Rechtssoziologie 1*, S. 6-8. *Komplexität* sei i. d. F. als „die Gesamtheit der Möglichkeiten des Erlebens und Handelns verstanden", „deren Aktualisierung ein Sinnzusammenhang zulässt", wobei das Feld der Möglichkeiten „der Zahl, der Verschiedenartigkeit und der Interdependenz nach *groß* oder *klein* sein" könne; sie könne ferner *unstrukturiert* oder *strukturiert* sein. Strukturierte Komplexität bilde sich insoweit heraus, als Möglichkeiten einander wechselseitig ausschließen oder beschränken. Die Systemkomplexität sei zwar immer strukturell ermöglichte Komplexität, doch hänge auch die Systemstruktur von der Systemkomplexität ab.

[7] „System" wird in der Systemtheorie als „die Differenz von System und Umwelt" begriffen. Die Einheit der Differenz von System und Umwelt ist die Welt. Vgl. N. Luhmann, *Aufsätze und Reden*, hrsg. von O. Jahraus, Reclam, Stuttgart 2011, S. 218-242.

Die *Gesellschaft* ist nach der soziologischen Systemtheorie von N. Luhmann, *Einführung in die Theorie der Gesellschaft*, 2. Aufl., Carl-Auer, Heidelberg 2009, S. 56, ein *sämtliche* Kommunikation umfassendes autopoietisches (sich selbst aus sich selbst heraus produzierendes) System. *Kommunikation* ist nach N. Luhmann, *Die Gesellschaft der Gesellschaft I*, Suhrkamp, Frankfurt am Main 1998, S. 72, 86 f., die Synthese dreier Selektionen, u. zw. Information, Mitteilung und Verstehen.

[8] N. Luhmann, *Soziale Systeme*, 18. Aufl., Suhrkamp, Frankfurt am Main 2021, S. 404, 414.

[9] *Sinn* lässt sich nach Luhmann, *Soziale Systeme*, S. 96, 112-127, nicht negieren, weil die Negation von Sinn nicht unsinnig sei. Es weise eine Zeit-, eine Sach- und eine Sozialdimension auf. Vgl. N. Luhmann: *Einführung in die Systemtheorie*, 7. Aufl., Carl-Auer, Heidelberg 2017, S. 212-236.

Komplexität zwingt ihn zur Selektion, Kontingenz setzt ihn der Gefahr von Enttäuschungen aus, nötigt ihn zum Eingehen von Risiken.[10]

In der Mitwelt „verdoppelt" sich Kontingenz, wenn und weil Menschen wechselseitig die Perspektive ihrer Mitmenschen einnehmen können, um ihr Verhalten zu variieren.[11] Nicht nur kooperatives Verhalten, sondern auch Konfliktverhalten ist auf „Erwartungserwartungen" angewiesen.[12]

Erwartungsstrukturen *beziehen Selektion auf Selektion*, sie blenden Alternativen ab und festigen einen engeren Ausschnitt des Möglichen als erwartbar, wodurch Komplexität *reduziert* und stete Überforderung in das Problem der nur gelegentlichen Enttäuschung überführt wird.[13]

---

[10] Luhmann, *Rechtssoziologie 1*, S. 31.

[11] Zur sog. „doppelten Kontingenz" vgl. Luhmann, *Soziale Systeme*, S. 148-189.

[12] Luhmann, *Rechtssoziologie 1*, S. 33 f. „Zur Steuerung eines Zusammenhanges sozialer Interaktion" sei nicht nur erforderlich, dass jede Person *erfahre*, sondern auch, dass jede *erwarten* könne, was die jeweils andere Person von ihr *erwarte*. Soziales Erleben und Handeln habe also doppelte Relevanz, u. zw. auf der Ebene der Verhaltenserwartungen, die erfüllt oder enttäuscht werden können, und auf der Ebene der Einschätzung dessen, was eigenes Verhalten für fremdes Erwarten bedeute. Die Funktion des Normativen, des Rechts, sei im Bereich der Integration dieser beiden Ebenen zu suchen.

[13] Luhmann, *Rechtssoziologie 1*, S. 35-41. Bedenke man, dass es höhere Ebenen der Reflexion gibt, z. B. Erwartungserwartungserwartungen, so werde einsichtig, dass es unmöglich sei, *solche* Erwartungsstrukturen im Bewusstsein zu behalten und zu kontrollieren. *Orientierungsvereinfachungen*, die gegen das „Fehlerrisiko" immunisieren, seien unerlässlich. Soziale Systeme stabilisieren darum „objektive, gültige Erwartungen, nach denen ‚man' sich richtet." Diese können in „Soll-Form" verbalisiert sein, müssen aber nicht; sie könnten sich z. B. an Merkregeln heften. Entscheidend sei, dass die Vereinfachung durch eine *generalisierende Verkürzung* erreicht werde. Erwartungssicherheit werde schwerpunktmäßig auf der reflexiven Ebene des Erwartens

Strukturierung erfolgt wohl über Regelbildung,[14] wobei „die Regel" eine *kognitive* oder eine *normative* Erwartungshaltung spiegelt, je nach inbegriffener Entschiedenheit, für den Enttäuschungsfall, die „geregelte" Erwartung zu ändern oder trotzdem daran festzuhalten.[15]

---

von Erwartungen geschaffen, woraus erst die Sicherheit im eigenen Verhalten und Berechenbarkeit fremden Verhaltens folge.

[14] Das obige Zweifelsmoment („wohl") rührt daher, dass Luhmann nicht deutlich gesagt hat, wie Strukturierung erfolgt, doch sprach er (*Rechtssoziologie 1*, S. 39) davon, dass die Orientierung „an der Regel" im Normalfall eine Orientierung an konkreten Erwartungen erspare. Zudem absorbiere die Regel das Fehlerrisiko des Erwartens oder mindere es, denn dank der Regel könne man davon ausgehen, dass diejenige Person, die davon abweicht, „falsch gehandelt hatte;" dass sonach die Diskrepanz „nicht (eigenem) falschen Erwarten, sondern (fremdem) falschem Handeln zuzurechnen" sei. Insofern entlaste sie das Bewusstsein „in Komplexität und Kontingenz." Das bedeute aber auch, dass sich Regeln „unterlaufen" lassen, „wenn und soweit man in der Lage ist, Erwartungen" (Erwartungserwartungen) „faktisch und konkret zutreffend zu erwarten", die wechselseitige Verständigung also „normänderndes, modifizierendes oder abweichendes Verhalten" begründet.

[15] Luhmann, *Rechtssoziologie 1*, S. 40 ff. Strukturen würden von „gemeinsamen Annahmen" ausgehen, ohne, dass diese bewusst vollzogen werden müssten. Ihr Realitätsbezug erweise sich nicht an der Regemäßigkeit ihrer Erfüllung, sondern an der Möglichkeit ihrer Enttäuschung.

„Die Regel" steht oben in Anführungszeichen, weil unter „Regel" vielfach ein gesolltes Verhalten verstanden wird. Mir scheint, dass dieses Wort hier besser im transzendentallogischen Sinne von K. W. Zeidler, *Grundriss der transzendentalen Logik*, 3. Aufl., Ferstl & Perz, Wien 2017, als „das Allgemeine" verstanden werden sollte, wobei Zeidler nicht nur das Allgemeine, worunter subsumiert wird, sondern auch „Repräsentations-" wie auch „Sinn- oder Transzendentalallgemeines" kennt. Andernfalls käme es nicht zur „Etablierung" einer Regel. Die Regel der Etablierung von Regeln (Prinzip aller Prinzipien) nennt er die „Vernunft" und versteht darunter „begründendes und sich selbst begründendes Denken", das nur „schlusslogisch" letztbegründet, *nie endgültig*, es kennt keinen Abschluss; es schließt und hält sich dabei offen. Vgl. K. W. Zeidler, *Grundlegungen,* Ferstl & Perz, Wien 2016. Die Etablierung einer Regel bedürfe dreier Synthesishandlungen: Die

*Normen* sind, so gesehen, kontrafaktisch etablierte Verhaltenserwartungen; ihr Sollen, das *Gesolltsein* von Verhalten, symbolisiert die Gleichgültigkeit dagegen, ob sie erfüllt werden oder nicht.[16] Ich fasse die Norm als *deontisches Urteil* auf,[17]

---

*Deduktion* exekutiere die Regel, die *Induktion* formuliere diese, indem sie Anwendungsfälle antizipiere, die *Abduktion* identifiziere schließlich den jeweiligen Anwendungsfall. Die Abduktion ist ein gewagtes Unterfangen, woraus sich die Herausbildung von „Strategien zur Risikominimierung" erklärt. Luhmann, *Rechtssoziologie 1*, S. 50, wies darauf hin, dass für kognitives Erwarten Möglichkeiten bestehen, „trotzdem nicht zu lernen", wie auch für normatives Erwarten, „trotzdem zu lernen, u. zw. „durch ein stilwidriges Moment," durch die Zulassung des Widerspruchs, „der als solcher latent zu bleiben hat."

[16] Luhmann, *Rechtssoziologie 1*, S. 43, sprach von „kontrafaktisch stabilisierten Verhaltenserwartungen", wobei sich das „Stabilisieren" wohl auf Objektivität und auf Gültigkeit bezieht (a. a. O., S. 38). Der „Sinn des Sollens" sei nicht weniger faktisch als der „Sinn des Seins", den „adäquaten Gegensatz" habe Normatives nicht im Faktischen, sondern im Kognitiven. Da es aber einen großen Bereich von selten enttäuschten Erwartungen gebe und die Differenzierung kognitiv/normativ „nur vom Enttäuschungsfalle her bestimmt" sei, entfalle oft die Vorentscheidung für einen der beiden Erwartungsstile (a. a. O., S. 44 ff.). Der Enttäuschungsfall könne dann „zur Normbildung im Wege nachträglicher Normierung führen" oder man wähle den Ausweg, „das enttäuschende Verhalten rein faktisch als Störung" zu sehen, als Ausnahme zu isolieren und falls es sich wiederholt oder nicht länger vermeiden lässt, möglichst zu normalisieren.

Auf den Umstand, dass die jeweils der kognitiven Struktur *zentralen* Erwartungen im Enttäuschungsfall *nicht sofort* fallengelassen werden, nahm Th. S. Kuhn, *Die Struktur wissenschaftlicher Revolutionen*, 26. Aufl., Suhrkamp, Frankfurt am Main 2000, mit Erwägungen zum „Paradigmenwechsel" Bezug. Umgekehrt stößt, wie Luhmann, *Rechtssoziologie 1*, S. 51, sagte, inneres Durchhalten fortwährend enttäuschter Erwartungen, also Lernunwilligkeit bei normativen Erwartungen auf Grenzen.

[17] H. Pačić, *Bereinigte Rechtslogik*, BoD, Norderstedt 2022, S. 24. Nach H. Kelsen, *Reine Rechtslehre*, 2. Aufl. (1960), Verlag Österreich, Wien 2000 (Nachdruck), ist die Norm der „Sinn eines Willensaktes". Wenn diese Formulierung darauf abzielt, dass mit einem präskriptiven Sprechakt ein Sollen gemeint ist, das sich in einem Normsatz ausdrücken lässt, der nicht bloß ein metasprachlicher Satz über einen

dessen *Geltung* darauf beruht, dass es *als* ein deduktiv stabilisiertes und induktiv bewährtes abduktiv bezeugt ist.[18] Rechtsgeltung, rechtliche Verbindlichkeit, ist, so besehen, die Voraussetzung der Gesetztheit einer Norm als Rechtsnorm aufgrund ihrer Justiziabilität.[19]

---

Normativsatz ist, mit dem die nämliche Norm gesetzt worden ist, dann muss der *Sinn* ein gedanklich nachvollziehbares und sprachlich wiedergebbares Urteil sein: Der Normativsatz, z. B. und insb. ein Imperativsatz, besagt, dass etwas und was gewollt ist, während der Normsatz das Gewollte als gesollt aussagt.

[18] Die Worte sind hier so gewählt, dass eine Rückbindung an die zuvor erwähnte „schlusslogische" Regelbildung anklingt. Vgl. H. Pačić, *Die Logik des Denkens*, in: S. Auer-Mayer/E. Felten/R. Mosler/B. Schrattbauer, FS Walter J. Pfeil, Manz, Wien 2022, S. 671-678; H. Pačić, *Apologie des Sokrates*, BoD, Norderstedt 2021, S. 28, 36 f. Das passt mit dem zusammen, was Luhmann, *Rechtssoziologie 1*, S. 39, über die Geltung schrieb, nämlich, dass die Flexibilität einfacher Normengefüge kleinerer Systeme im Wesentlichen auf der Möglichkeit „fallweisen Akkordierens" und „gemeinsamen Abweichens", die Normgeltung indes auf der Unmöglichkeit, dies in jedem Zeitpunkt für jede Erwartung von jeder Person zu bewerkstelligen, beruhe; sie beruhe „mithin letztlich auf der Komplexität und der Kontingenz des Erlebnisfeldes," in dem die Normen „als Reduktion ihre Funktion haben."

[19] Das Wort ‚Justiziabilität' bedeutet Gerichts- ebenso wie Gerechtigkeitsfähigkeit, es meint hier Normen, die aufgrund von Rechtsakten gesetzt sind: Eine Norm gilt dann als eine Rechtsnorm, wenn sie ein Verhalten, das durch einen Rechtsakt für gewollt erklärt worden ist, als gesollt setzt. Ein Rechtsakt ist, juristisch betrachtet, eine Satzung oder eine Gewohnheit, die nach der (Staats-)Verfassung oder dem Völkerrecht als rechtsetzender Willensakt zu deuten ist, wobei die Wortfolge „zu deuten ist" bekundet, dass die Ausdeutung der darin gegründeten Rechtsordnung *nicht nur* rechtsdogmatisch vertretbar (deduktiv stabil), *sondern* im Rechtssystem *auch* anschlussfähig (induktiv bewährt) sein muss. Vgl. H. Pačić, *Kein Anrecht auf Unrecht, Zum Rechtsbegriff mit Hermann Kantorowicz,* BoD, Norderstedt 2021; Pačić, *Bereinigte Rechtslogik*, S. 61, 65 f.

Systemtheoretisch ließe sich das vielleicht *so* ausdrücken: Der Geltungsgrund von Normen *als Rechtsnormen*, die „Grundnorm" der Rechts*ordnung*,[20] ist das Rechts*system* als Teilsystem der Gesellschaft, die ihre eigenen Strukturen höchstselbst bekräftigt oder entkräftet.[21]

Die Rechtsnorm hält *als Norm* zur Missbilligung von Fehlverhalten an, um das Festhalten an der Erwartung anzuzeigen, doch inhäriert ihr kein Erfordernis der Sanktion bei Zuwiderhandeln.[22] Es muss „lediglich" absehbar sein, dass und wie sie,

---

[20] R. Walter, *Entstehung und Entwicklung des Gedankens der Grundnorm*, in: R. Walter, Schwerpunkte der Reinen Rechtslehre, Manz, Wien 1992, S. 47-59.

[21] Ch. Kletzer, *Absoluter Positivismus und Normativer Monismus*, in: Jabloner et al. (Hrsg.), Gedenkschrift Robert Walter, Manz, Wien 2013, S. 257-270 (264), hat dies auf den Punkt gebracht, indem er sagte, „dass das Recht in der Grundnorm voraussetzend sich selbst setzt."

[22] Luhmann, *Rechtssoziologie 1*, S. 53-64. Eine Enttäuschung lege die Erwartung als bloße Erwartung frei und stelle ihre Reduktionsleistung infrage, weshalb diese „durch symbolische Prozesse der Darstellung des Erwartens und der Behandlung des enttäuschenden Ereignisses widerhergestellt werden" müsse, u. zw. auf ihrer *generalisierten* Funktionsebene. An der „Stärke der Reaktion" zeige sich die über den Einzelfall hinausgehende Betroffenheit. Die *Enttäuschungsabwicklung* könne „nicht allein der individuellen Auf- und Abregung überlassen bleiben", weil das zu unberechenbarem Verhalten und zu weiteren Enttäuschungen führen könne. Das soziale System müsse die Abwicklung „betreuen und kanalisieren". Erwartungen, „die laufend enttäuscht" würden, „ohne sich melden zu können", verblassen und würden „unmerklich verlernt," schließlich von den Erwartenden selbst nicht mehr geglaubt. Die Entkräftung mangels Ausdrucksmöglichkeiten werde beschleunigt, wenn sie öffentlich stattfinde, weil diesfalls ein Erwartungsdruck entstehe, nicht nur, sich für „Durchhalten oder Fallenlassen" zu entscheiden, sondern auch, *dies zu zeigen*. Darum steht oben „Missbilligung", nicht aber Sanktion; nicht selten ist, wie Luhmann gesehen hat, zu beobachten, dass Erwartende und Enttäuschende zusammenarbeiten, „um die verletzte Norm zu rehabilitieren." Neben Sanktionen gebe es andere, funktional äquivalente Strategien kontrafaktischer Stabilisierung.

wenn nicht durchgesetzt, so doch durchgehalten, *zeitlich* aufrechterhalten werden kann.[23]

Konfligierende Erwartungen zweier Menschen können dabei insoweit „auf unterstellbare Erwartungserwartungen Dritter gestützt werden", als sie *sozial* institutionalisiert sind.[24]

---

[23] Luhmann, *Rechtssoziologie 1*, S. 54 ff. Eine Vielzahl von Verstößen werde schon dadurch ihrer symbolischen Implikation entkleidet, dass sie gar nicht zur Kenntnis genommen werde. Zudem bestätige oftmals die Tatsache, dass enttäuschendes Verhalten „als Abweichung erlebt" wird, bereits die Norm; darin liege ein Modus der *Zurechnung* der Diskrepanz, worin sodann für *Enttäuschungserklärungen* ein Bezugspunkt gelegen sei. Die Negativbewertung der „Enttäuschungsursache" sei ein Symptom dafür, dass eine Norm gegen Kritik geschützt werden soll. Die Wahl zwischen möglichen Erklärungen sei nicht beliebig. Hier sei die Rückversicherung solcher Erklärungen in kognitiven Strukturen auffällig, wiewohl, wie die Annahme individueller *Schuld* zeige, nur insoweit, als die Erklärungsart mit dem normativen Erwartungsstil vereinbar sei. Als „Brücke zwischen Erklärung und Reaktion" diene und reiche im Alltag die Verbalisierung aus; es würden z. B. Entschuldigungen, Ausreden u. dgl. gefordert, gegeben und abgenommen. Die Abweichung werde *symbolisch neutralisiert*. Wenn sich die Verständigung aber als schwierig gestalte, dann biete die *Sanktion* einen Ausweg, wie Bestrafung durch Blicke oder Gesten.

[24] Die gewählte Ausdrucksweise („insoweit, als") trägt dem Umstand Rechnung, dass Luhmann, *Rechtssoziologie 1*, S. 65, den *Begriff* der Institutionalisierung mit dem *Umfang* dieser Abstützbarkeit im Erwartungshorizont derer, die sich aktuell an *möglicherweise* Miterlebenden (Miturteilenden, -verurteilenden, -handelnden) orientieren, in Verbindung gebracht hat. Die sog. Dritten seien keine „Zuschauer", sondern unbekannte, anonyme Dritte, die nicht verfügbar seien, sondern „in ihre Rolle als Zuschauer gelotst" und ggf. um ihr Urteil ersucht würden. Darauf beruhe einerseits die Nähe der Norm zum Skandal (man müsse Alarm schlagen, um Dritte zu interessieren) und andererseits die Vorteilhaftigkeit hauptberuflicher Rollen für unbeteiligte Dritte (so seien Gerichte präsent, vgl. a. a. O., S. 67).

In einer Fußnote (a. a. O., S. 65) hat er auf divergierende Meinungen darüber, was eine Institution sei, hingewiesen und auf der strikten Trennung normierender und institutionalisierender Mechanismen bestanden. Das Wort ‚Institution' dürfte ein sehr weites Bedeutungsfeld haben.

Von „Unterstellungen" ist insofern die Rede, als „allgemeiner gesellschaftlicher Konsens" nicht verifizierbar ist; dagegen *gibt es* Erwartungen, die „das Schwergewicht einer vermuteten Selbstverständlichkeit" gegen sich haben.[25]

Von alters her wird die Verbindlichkeit von *Verträgen*, mithin wird die „strukturelle Zulässigkeit von Variabilität" für eine Selbstverständlichkeit gehalten.[26]

---

L. Pries, *Soziologie*, 4. Aufl., Beltz Juventa, Weinheim 2019, S. 144, versteht darunter „Normen-, Handlungs- und Beziehungsprogramme, die für große soziale Gruppen bestimmte Lebensbereiche strukturieren sowie soziale Identität und Stabilität stiften."

[25] Hier geht es nicht nur um Erreichbarkeit, sondern auch um die Widerruflichkeit von Einverständnis, die einer zeitlichen Stabilisierung von Verhaltenserwartungen entgegensteht. Es ist gerade der Umstand, dass die in Rede stehenden „Dritten" unbestimmt, anonym, schwerlich einschätzbar und nicht befragbar sind, der „die Verlässlichkeit und Homogenität der Institutionen" garantiert; sie „beruht auf der Neutralisierung aller Anhaltspunkte dafür, dass bestimmte Dritte konkret etwas anderes erwarten könnten." Vgl. Luhmann, *Rechtssoziologie 1*, S. 70 f. Mithin sei es so, dass Institutionen „nicht auf der faktischen Übereinstimmung abzählbarer Meinungsäußerungen" fußen, „sondern auf deren erfolgreicher Überschätzung." Der weitgehend fiktive Charakter der Homogenität von Institutionen erkläre die Störbarkeit derselben durch Kommunikation von Fakten, z. B. die Empfindlichkeit gegen Einsichten der Meinungsforschung oder Ergebnisse von Volksbefragungen. Außerdem stünde die fehlende „Selbstbeteiligung" angesichts einer funktionalen Differenzierung der Gesellschaft vermehrt „sachgemäßem Erwarten" entgegen, wodurch „gesamtgesellschaftliche Institutionen" an Glaubwürdigkeit einbüßen (a. a. O., S. 73 f.).

[26] Verträge sind im Grunde bekräftigte Versprechen, deren Bindungs*wirkung* mit „Selbstdarstellung" zu tun hat. Vgl. Luhmann, *Rechtssoziologie 1*, S. 74-76. Das Besondere am Vertrag liege nicht darin, dass er normativ erwartbare Bindungen schaffe, sondern darin, dass er deren Gestaltung ausdrücklichen Erklärungen der Beteiligten freistelle und „als Korrektiv gegen Willkür" deren „Übereinstimmung" verwende. Die institutionalisierenden Dritten würden dadurch in die Stellung von „Pauschalgaranten" der jeweiligen Abmachungen zurücktreten. Zugleich würden Änderungen und Aufhebungen von Verbindlichkeiten ermöglicht oder erleichtert. Das „Unwahrscheinliche" daran liege „in der

Was sich *nicht* von selbst versteht, ist die Beachtlichkeit der Erwartungshaltung „neutraler" Dritter,[27] *es sei denn*, es wird über Recht entschieden.[28]

Zeitliche und soziale Normdimension, Enttäuschungsfestigkeit und Institutionalisierung, wirken selektiv darauf ein, welche Erwartungszusammenhänge über eine konditionale „Programmierung" richterlichen Entscheidens identifizierbar sind,

---

Institutionalisierung von Beliebigkeit, in der strukturellen Zulassung von Variabilität."

[27] Luhmann, *Rechtssoziologie 1*, S. 77-79, wies darauf hin, dass eine Vielzahl von „nicht relevant miterlebenden" Dritten „ausgesondert" werde, man orientiere sich an einer gewählten *Bezugsgruppe*. Ein Bsp. dafür sei die Professionalisierung und kollegiale Kontrolle der mit Recht befassten Berufsrollen, doch trage das nicht die Institutionalisierung des Rechts selbst, weil dieses nicht nur für Jurist:innen gelte. Das Recht sei ein Mittel gesamtgesellschaftlicher Integration, es repräsentiere die Erwartungen jeder bzw. jedes Erwartenden.

[28] Für Luhmann, *Rechtssoziologie 1*, S. 79 f., lag der Ausweg aus der wachsenden „Diskrepanz von gesellschaftlicher Komplexität und Differenzierung auf der einen Seite und den Prozessen elementarer Institutionalisierung auf der anderen Seite" in der „Ausdifferenzierung besonderer Rollen und Teilsysteme, die über Recht mit gesamtgesellschaftlich bindender Wirkung zu entscheiden haben." Hierbei dürfte er nicht nur an die Gerichtsbarkeit, sondern auch an Verwaltungsbehörden sowie an die Gesetzgebung gedacht haben, doch sprach er in erster Linie die *richterliche* Rolle an. Soziale *Rollen* sind „wiederkehrende Verhaltensanforderungen," wie F. Fürstenberg, *Soziologie*, 3. Aufl., W. de Gruyter, Berlin/New York 1978, S. 23 f., erklärt hat, also Muster des Verhaltens, „die dem Individuum durch das jeweilige soziale Beziehungsgefüge vorgegeben sind."

H. Kantorowicz, *The Definition of Law*, hrsg. Von A. H. Campbell, Cambridge University Press 1958, grenzte angesichts der Geschichte der Rechtswissenschaft deren Forschungsgegenstand auf Regeln ein, die sich zur Anwendung durch ein „richterliches Organ" eignen. Vgl. schon H. Kantorowicz, Legal Science, Columbia Law Review 28/1928/6, S. 679-707 (687), wo er ‚Recht' als „a totality of rules of external conduct, to whose application a judge is appropriate" umschrieben hatte.

was also *sachlich* rechtsmöglich ist.[29] Das Wenn-dann-Schema überträgt die institutionelle Billigung der Regel auf die Billigung des Handelns.[30]

---

[29] Luhmann, *Rechtssoziologie 1*, S. 80-93. Indem Erlebnis*themen* auf sinnhafte Identifikationen bezogen werden, käme es zu einer Verselbständigung gegenüber dem jeweils aktuellen Bewusstseinserleben; Erwartungen würden verbalisierbar, symbolisierbar, darstellbar und ablehnbar. Die „Festigkeit" von Zusammenhängen beruhe auf einer Abstraktionsleistung. ‚Erwarten' sei „die in die Zukunft gerichtete Identifikation des Erlebnisflusses, der sich stets wechselnde Inhalte sucht und in deren Wechsel Realität erfährt." Sinnhafte Identifikationen seien Synthesen vieler nach Bedarf aktualisierbarer und detaillierbarer Erwartungen; sie fungieren als Erzeugungsregeln, ermöglichen ein Aufbewahren und Wiederzugänglichmachen von Erwartungen und verfestigen sich zu tradierbarem, kulturellen Gedankengut. Hier sprach Luhmann das an, was K. W. Zeidler, *Grundriss der transzendentalen Logik*, S. 283-324, die ‚Idee', den ‚Begriff als Erkenntnisgrund' und die begriffliche ‚Synthesisfunktion' nannte, welche Bedeutungsgebung, Bedeutungskonstanz und Bedeutungsverschiebung begreiflich mache. Vgl. K. W, Zeidler, *Hat Platons Höhle einen Ausgang?* In: K. Gloy (Hrsg.), *Unser Zeitalter – ein postmetaphysisches?* Königshausen & Neumann, Würzburg 2004, S. 209-217.

Wer Erwartungen zu konkret integriert, läuft nach Luhmann, *Rechtssoziologie 1*, S. 85-89, Gefahr, sehr enttäuschungsreich zu leben, ein instabiles Verhältnis zur Wirklichkeit zu haben. Daran zeige sich schon, dass die Festlegung auf einen normativen Erwartungsstil „einen Mindestgrad an Abstraktion des Erwartungskontextes mit einem entsprechenden Grad an Indifferenz voraussetzt." Davon ausgehend unterschied er vier „Ebenen der Abstraktion": Verhaltenserwartungen seien auf konkrete *Personen*, auf soziale *Rollen* als „Erwartungsbündel", die nicht auf einzelne Menschen festgelegt seien, auf *Programme* als Entscheidungsregeln, deren Anwendungsbedingungen bzgl. Wirkungen (Zweckprogramme) oder bzgl. Ursachen (Konditionalprogramme) spezifiziert seien, oder sie seien auf *Werte* als Gesichtspunkte der Vorzugswürdigkeit von Handlungen bezogen. Werte würden lediglich äußerst unbestimmte Anhaltspunkte für die Bildung und Integration von Erwartungen geben. Die Wertsphäre habe hohe Konsenschancen, lasse sich aber deshalb nur mühsam ändern und stecke voller praktischer Widersprüche. Auf die für das Recht zentrale konditionale Programmierung wird zurückzukommen sein. Ich habe sie auf richterliches Entscheiden bezogen, weil im Rechtsstreit (als Streit *über* Recht) letztlich Gerichte zuständig sind und Luhmann (a. a. O., S. 93) dabei

Was das Recht für soziale Systeme *leistet*, ist „selektive Kongruenz", es ist ein *Inbegriff* zeitlich, sozial und sachlich *kongruent generalisierter normativer Verhaltenserwartungen*.[31]

an Rollen und Programme für den *juristischen Entscheidungsprozess* gedacht hat. Vorerst interessiert, dass Personen, Rollen, Programme und Werte verschiedene „Stufen der Generalisierung" darstellen, „auf denen Verhaltenserwartungen durch ein Identifikationsprinzip verknüpft und in der Außenwelt festgemacht werden können." Obwohl komplexere Gesellschaften abstraktere „Erwartungsprämissen" (gemeint sein dürften „Prämissen der Erlebnisverarbeitung", vgl. a. a. O., S. 91) benötigen, sei es offensichtlich falsch, eine Entwicklung von personenorientierten zu wertfixierten Normen anzunehmen. Eine höhere Komplexität beanspruche *alle* Ebenen der Generalisierung *stärker*.

[30] Luhmann, *Rechtssoziologie 1*, S. 88; das Programm leistet Richtigkeitsgewähr für das Handeln („Handlungsrechtfertigung").

[31] Luhmann, *Rechtssoziologie 1*, S. 94-106, definierte ‚Recht' als „Struktur eines sozialen Systems, die auf kongruenter Generalisierung normativer Verhaltenserwartungen beruht" (a. a. O, S. 105), drückte sich zuvor aber schon so aus, dass die besagte Struktur nicht bloß auf kongruenter Generalisierung *beruht*, sondern ebendarin besteht; dass sie also gerade das Recht *ist* (a. a. O., S. 99). Gleichwohl *kann* gesagt werden, dass die *Funktion* des Rechts, gesehen als Funktionssystem der Gesellschaft, nicht als Normenordnung, *in* der kongruenten Generalisierung kontingenter Prämissen des Handelns *besteht*, also darin, Verhaltenserwartungen kontrafaktisch zu stabilisieren (vgl. a. a. O., S. 103, 107).

Von einer ‚Generalisierung von Verhaltenserwartungen' sprach Luhmann, um einen „übergreifenden Begriff" für die Erfordernisse der erwähnten Dimensionen zu haben. Was diese gemeinsam hätten, sei eine symbolische Immunisierung von Erwartungen gegen andere Möglichkeiten, sohin eine „unschädliche Indifferenz". Die Generalisierung stelle jedoch in den einzelnen Dimensionen sehr diskrepante Anforderungen; sie können unvereinbare Erwartungen generalisieren, sie können sich wechselseitig stören. Für die Gesellschaft stelle sich deshalb das Problem der *Inkongruenz*. Die Selektion geeigneter und kompatibler Generalisierungsformen sei die „evolutionäre Variable", an deren Wandel sich zeigen lasse, wie das Recht im Laufe der Geschichte auf Veränderungen reagiert (a. a. O., S. 100).

Was Luhmann *so* definiert hat, ist aber, wie ich finde, noch nicht das Recht als Funktionssystem der Gesellschaft, sondern die Rechtsordnung; sonach das, als was sich das Rechtssystem *selbst* begreift.[32]

Die Rechtsordnung ist als solche keine „Zwangsordnung", denn das, was sie besagt, ist bloß die Antwort auf die Frage, mit welcher *Erwartungshaltung* „sozialer Rückhalt" zu erwarten ist.[33] Allerdings ist sie zwangsbewehrt, weil das *politische System*, mit dem das Recht über die Staatsverfassung „strukturell gekoppelt" ist, sie absichert.[34]

---

[32] Luhmann, *Rechtssoziologie 1*, S. 95 und 105, sprach Recht hier nicht als Recht „des umfassenden Sozialsystems ‚Gesellschaft'" an, sprach aber bereits von einer „gesellschaftlichen Funktion" des Rechts und einem „funktionalen Rechtsbegriff". Wird das Recht als autopoietisches (d. h. sich selbst allein aus sich selbst heraus produzierendes und reproduzierendes) System begriffen, kann es nach Luhmann, *Das Recht der Gesellschaft*, S. 7 f., 15, ausschließlich selbst sagen, was Recht ist.

[33] Vgl. Luhmann, *Das Recht der Gesellschaft*, S. 131 f.

[34] ‚Politik' ist nach N. Luhmann, *Die Politik der Gesellschaft*, Suhrkamp, Frankfurt am Main 2000, S. 18 ff., 75, ein soziales System, dessen Ausdifferenzierung mit einem „symbolisch generalisierten Kommunikationsmedium", nämlich mit Macht, zu tun habe. Vgl. N. Luhmann, *Macht*, 4. Aufl., UVK, Konstanz/München 2012.

Die rechtsdogmatische Rechtstheorie der Wiener rechtstheoretischen Schule fasst ‚Recht' als eine „im Großen und Ganzen wirksame Zwangsordnung" auf, die Verhalten dadurch anordne, dass sie staatlich organisierte Zwangsakte als gesollt setze. Vgl. R. Walter, *Der Aufbau der Rechtsordnung*, Manz, Wien 1974. ‚Staat' sei gleichbedeutend mit ‚Recht', soweit ‚Zwangsordnung' als Zwangsorganisation angesprochen sei. Vgl. H. Kelsen, *Die Idee des Naturrechts*, Zeitschrift für öffentliches Recht 1927/28, S. 221-250.

Für Luhmann, *Die Politik der Gesellschaft*, S. 231, 244, 247, 250, ist die Politik als Funktionssystem der Gesellschaft zwar der gesamten Bevölkerung zugänglich, doch treffe das nicht für die segmentäre Differenzierung der Politik in Staaten zu, die weltpolitisch betrachtet territorial begrenzte politische Gesamtverantwortung tragen. Staaten seien das hierarchisch organisierte Zentrum des Systems, das als

Physische Gewalt deckt zwar die „Rückversicherung" der Erwartbarkeit von Erwartungen durch politische Macht, ist aber gerade *deshalb* dazu erkoren, *nicht gebraucht* zu werden.[35]

---

solches eine Peripherie voraussetze, die segmentär geblieben sei. Vgl. Luhmann, *Das Recht der Gesellschaft*, S. 335 f. Die Funktion der Politik erfasste Luhmann, *Die Politik der Gesellschaft*, S. 84 f., im „Bereithalten der Kapazität zu kollektiv bindendem Entscheiden". Es gehe um Kommunikation, die sich als Entscheidung und damit als kontingent darstelle. „Bindung" besage, „dass eine Entscheidung als nicht mehr in Frage gestellte Prämisse für weitere Entscheidungen fungiert". Sie müsse effektiv eintreten, es müsse sich um *kollektive* Bindung handeln, also um eine Systemreferenz, die die Entscheidenden einschließt. Zwar könne diese wieder geändert werden, müsse sich aber als neue Entscheidung darstellen. Das „Bereithalten" der Kapazität bedeute, dass damit auch gerechnet werden könne, wenn sie nicht aktualisiert werde.

Machtüberlegenheit und -unterlegenheit seien zwei Seiten des „Machtcodes", der politisch durch die Unterscheidung von *Regierung* und *Opposition* überformt und als *Amtsmacht* rechtsförmlich gebunden sei (a. a. O., S. 88, 90 ff.). Nicht alle politischen Operationen seien „Handhabung und Reproduktion politischer Macht", denn viele, „vielleicht sogar die meisten," hätten damit nur indirekt zu tun. Nach dem Machtcode des politischen Systems sei politische Macht „Stellenmacht." Sie sei situationsunabhängig identifizierbar und dennoch änderbar. Die „präferierte" Seite des Machtcodes präsentiere sich in der „friedlichen Form" von Ämtern. Was wir ‚Demokratie' nennen, sei „Vollendung der Ausdifferenzierung eines politischen Systems." Das Austauschverhältnis von Regierung und Opposition, „die Zweitcodierung politischer Amtsmacht", über die durch politische Wahlen entschieden werde, sei für Demokratie unabdingbar (a. a. O., S. 103 ff.). Die *politische Wahl* konfrontiere die Politik mit einer für sie unberechenbaren Zukunft, weil es keinen sicheren Schluss von Machtausübung auf Machterhaltung und von Machtkritik auf Machtgewinn gebe.

Die erwähnte *strukturelle Koppelung* „bündelt, häuft, kanalisiert" gegenseitige Einflüsse von Recht und Politik, wodurch beide „System und Umwelt koordinieren oder integrieren", vgl. Luhmann, *Einführung in die Systemtheorie*, S. 90 ff.

[35] Politische Macht ist gesellschaftlicher Einfluss, der sich auf *negative* Sanktionen, letztlich auf die Verfügung über den Einsatz physischer Gewalt, stützt. Freilich sei Einfluss über *positive* Sanktionen möglich, habe dann aber das Problem, dass die Sanktion erfolgen müssen, zumal Illusionen darüber nicht lange aufrechterhalten werden können.

Das Problem, das durch Recht für die Gesamtgesellschaft gelöst wird, die Funktion des Rechts, liegt in der Stabilisierung

---

Die Ausführung negativer Sanktionen könne indes *unterbleiben*, sie sei sogar darauf angewiesen, zu unterbleiben, um Macht nicht als unwirksam zu erweisen. Vgl. Luhmann, *Die Politik der Gesellschaft*, S. 40, 44 ff.

Zum Verhältnis von Recht und Gewalt führte Luhmann, *Rechtssoziologie 1*, S. 106-115, aus, dass Gewalt hier nicht in ihren physischen Wirkungen, sondern in ihren sinnhaft-symbolischen Aspekten, die das *Unterlassen* der Anwendung von Zwangsakten ermöglichen, interessiere. Der Sinn von Gewalt erschöpfe sich nicht in der Durchsetzung der Erfüllung von Erwartungen, „zunächst und vor allem" sei diese ein Mittel der Darstellung und Vergewisserung. Sie habe „in einer Weise, in die wir uns heute kaum noch hineindenken können," als Rechtsbeweis gedient; sie bringe die Selektivität von Ordnung zur Evidenz. Dies werfe Probleme auf, u. zw. die „Folgelast" der Gewaltanwendung und hohe Strukturunabhängigkeit ihrer Organisierbarkeit, sie könne die vorhandene Ordnung also „stützen oder stürzen". Der Ansatzpunkt für ihre Regelung sei zunächst weniger in einer Begrenzung des Ausmaßes als in ihren Vorbedingungen und Formen gelegen. Im Lauf der sozialen Entwicklung sei es zu einer „Umstrukturierung" infolge zweier Errungenschaften gekommen: *Erstens* in der allmählichen Konzentration der Entscheidung über die Anwendung physischer Gewalt, die erst in der Neuzeit in den Händen des Staates sichergestellt sei, sodass die öffentliche Ausübung „praktisch unnötig" geworden sei, um „effektive Überlegenheit" von Erwartungen, die in staatlich organisierten Entscheidungsprozessen erarbeitet worden seien, zu sichern. *Zweitens* müsse der Beweis des Rechts *anders*, in Gestalt einer Entscheidung, durch die Beantwortung von Tat- und Rechtsfragen, erbracht werden, was wiederum nur dadurch möglich geworden sei, dass Recht als „Gefüge von abstrakt formulierbaren, miteinander konsistenten Normen" vorstellbar geworden sei, „deren Auslegung im Einzelfall festgestellt werden könne." Um kongruente Generalisierung zu *bewirken*, sei der Bedarf an diesem hochgradig generalisierbaren Motivationsmittel geblieben, doch gehe die Deckung in den anonymen Selbstverständlichkeitsgehalt des Rechts ein und habe nicht mehr die Form erfolgreicher Selbstbehauptung des Erwartens. Mit alledem verliere die Gewalt ihre Symbolqualität, gebe sie an die Entscheidung ab: „Die Selektivität der Ordnung wird jetzt in Entscheidungen manifest." Das Recht passt sich, wo „nicht Geboten der Humanität", da „Erfordernissen einer funktional differenzierten Gesellschaft an."

kontrafaktischer Verhaltenserwartungen, nicht in der Ausgrenzung von Abweichungen.[36]

Die *Unterscheidung von Recht und Unrecht* „markiert nicht die Grenze des Rechtssystems gegenüber seiner Umwelt; sie ist eine systeminterne Differenzierung."[37] Zuschreibung von Recht oder Unrecht im *binären Code* des Rechts, das Operieren im Recht, geschieht durch Zurechnung von *Kommunikation*,[38] verstanden als eine Synthese dreier Selektionen: Information, Mitteilung und Verstehen, deren autopoietische Gesamtheit in der Theorie von Luhmann *die* Gesellschaft, Weltgesellschaft, *ist*.[39] Ich fasse ‚Gesellschaft' als das Zwischenmenschliche, als Kommunikationsgemeinschaft, und ‚soziale Differenzierung' als Strukturvergemeinschaftung auf.[40]

---

[36] Vgl. N. Luhmann, *Soziologie der Moral*, in: N. Luhmann/S. H. Pfürtner (Hrsg.), *Theorietechnik und Moral*, Suhrkamp, Frankfurt am Main 1978, S. 45, 63-73.

[37] Luhmann, *Rechtssoziologie 1*, S. 115-131 (124).

[38] Luhmann, *Soziale Systeme*, S. 240 f., hat in der Kommunikation die elementare Einheit der Selbstkonstitution der Gesellschaft erblickt, selbstverständlich ohne „Zurechnung" von Kommunikation auf Handlungen zu verkennen. Verhalten wird als *Erleben* oder als *Handeln* zugerechnet, je nachdem, ob eine Sinnselektion der Umwelt oder dem System zugerechnet wird (a. a. O., S. 123-125; vgl. Luhmann, *Die Gesellschaft der Gesellschaft I*, S. 335).

[39] Luhmann, *Die Gesellschaft der Gesellschaft* I, S. 65, 72, 86 f.; Luhmann, *Soziale Systeme*, S. 102, 112, 193; Luhmann, *Einführung in die Theorie der Gesellschaft*, S. 23, 50 f., 56, 63, 68.

[40] Würde der Kulturbegriff sehr weit verstanden, ließe sich statt von Struktur- von *kultürlichen* Gemeinschaften sprechen, doch Luhmann, *Einführung in die Theorie der Gesellschaft*, S. 186, sah im Kulturbegriff nur „die Reflexion auf die Eigenart eines regionalen Entwicklungsstandes im Vergleich zur Geschichte oder im Vergleich zu ungleichzeitigen, noch in älteren Phasen befindlichen Gesellschaften auf dem Erdball." Das sei der Stand um das Jahr 1800, als ‚Kultur' in einem reflexiven Sinne eingeführt worden sei. Was die obige Verknüpfung von Differenzierung mit Strukturbildung anbelangt, so hat Luhmann (a. a. O., S. 260) bei ‚Differenzierung' durchaus von Strukturen gesprochen; so hat

Als soziales *System* begriffen umgreift die Gesellschaft sohin keine *Menschen*, die sie zwar umgrenzen und dennoch zu ihrer *Umwelt* gehören.[41]

---

er die „moderne" Gesellschaft „über das Strukturprinzip der funktionalen Differenzierung" charakterisiert. Interaktion und Organisation seien soziale Systeme, die sich über die Frage der Anwesenheit bzw. über die Frage der Mitgliedschaft „ausdifferenzieren" (a. a. O., 279, 282); und auch derartige Differenzierungen erfolgen über Strukturen, die *gemeinsame* Erwartungen *im Unterschied zu* Abwesenden bzw. Nichtmitgliedern voraussetzen. Man denke etwa nur an Begriffe wie ‚Unternehmenskultur' oder ‚Gesprächskultur'. Für Luhmann (a. a. O., S. 247 f., 254) ging es bei der Differenzierungsfrage nicht um jegliche Differenzierung, sondern um jene der „primären Teilsysteme, die den Typus der Differenzierung der Gesellschaft ausmachen" und entweder *gleich oder ungleich* seien. Von gleichen Teilsystemen aus komme man zu einer segmentären Differenzierung auf Basis von Verwandtschaft oder Territorialität, Ungleichheit sei durch eine „Zentrum-Peripherie-Differenzierung" gegeben, „Gleichheit ungleicher Systeme" hingegen durch funktionale Differenzierung.

[41] Luhmann, *Einführung in die Theorie der Gesellschaft*, S. 238, sagte, „dass alles als ein System begriffen werden" könne, was sich „mit Verkettung eigener Operationen von einer Umwelt unterscheidet," d. h. „diese Differenz erst produziert." Soziale Systeme hängen wegen der strukturellen Koppelung von Kommunikation mit Bewusstsein so stark mit psychischen Systemen zusammen, dass Luhmann, *Soziale Systeme*, S. 286 ff., von einer ‚Interpenetration' sprach; beide hätten sich koevolutiv entwickelt. Vor diesem Hintergrund steht oben, dass die Gesellschaft von Menschen „umgrenzt" wird, sie heben sich von der übrigen Umwelt ab, sind jedoch nicht „in" der Gesellschaft, sondern haben Anteil und nehmen Teil an ihr. Vgl. Luhmann, *Rechtssoziologie 1*, S. 132 f. Für die alteuropäische Tradition habe die Gesellschaft *aus* Menschen bestanden, sie sei oft explizit als sozialer Körper bezeichnet worden. Als Umwelt der Gesellschaft seien demnach, abgesehen von der nichtmenschlichen Natur, nur andere Gesellschaften infrage gekommen. „Als strukturiertes System sinnhaft aufeinander bezogener Handlungen" schließe das soziale System konkrete Menschen jedoch nicht ein; Menschen und Gesellschaft seien füreinander Umwelt.

Das Komplexitätsgefälle zwischen System und Umwelt ist der evolutionäre Abtrieb und zugleich ist es die Regulative der Systemrationalität.[42] Mit steigender Komplexität steigt auch die Kontingenz der zwischenmenschlichen Beziehungen, wodurch die Strukturen der Gesellschaft, darunter Rechtsnormen, unter Änderungsdruck geraten.[43]

---

[42] Die Bezugnahme auf *Evolution* ist bei Luhmann, *Einführung in die Theorie der Gesellschaft*, S. 181 ff., eine solche auf „Variation, Selektion und Restabilisierung" und er sprach i. d. Z. vom *Zufall* in dem Sinne, dass ‚Zufall' nur das „Fehlen einer systemischen Koordination" heiße. Das Erklärungsziel der Evolutionstheorie seien „ungeplante Strukturänderungen". Die Resultate der Evolution seien wertneutral. Sie sei nicht auf höhere Komplexität ausgerichtet, denn nicht alles werde immer komplexer, doch ermögliche sie höhere Komplexität, „ohne dass die Autopoiesis zusammenbricht, also ohne destruktive Effekte." Ob damit Fortschritt einhergehe, sei damit nicht gesagt. Man könne eine Evolutionstheorie auch so denken, „dass es Phasen relativer Stagnation oder der Rückentwicklung gibt." *Rationalität* eines Systems wird nach Luhmann, *Einführung in die Systemtheorie*, S. 176-187 (183), im Ausmaß, in dem Indifferenz zur Umwelt der Irritierbarkeit weicht, gespiegelt.

[43] Luhmann, *Rechtssoziologie 1*, S. 136.

Kongruenzbildung verändert sich und das Recht ändert sich mit dem Überschuss an Möglichkeiten, der zur *Varietätserzeugung* zur Verfügung steht; mit der *Selektionsweise* brauchbarer und damit der Aussonderung unbrauchbarer Möglichkeiten; sowie mit der *Tradierfähigkeit* gewählter Möglichkeiten.[44] Luhmann hat *dementsprechend* „strukturellen Wandel" von archaischem Recht über das Recht vorneuzeitlicher Hochkulturen bis hin zur Positivierung des Rechts nachgezeichnet.[45]

---

[44] Luhmann, *Rechtssoziologie 1*, S. 139 f.; Luhmann, *Die Gesellschaft der Gesellschaft I*, 413, 425, 433, 454 und 488.

[45] T. Parsons, *Gesellschaften,* 3. Aufl., Suhrkamp, Frankfurt am Main 2016, S. 46, 54, hat drei „evolutionäre Ebenen" unterschieden, u. zw. primitive, intermediäre und moderne Gesellschaften, wobei er die Institutionalisierung der geschriebenen Sprache in der Kultur einer Oberschicht für die Trennlinie zwischen primitiven und intermediären Gesellschaften hielt. Luhmann, *Rechtssoziologie 1*, S. 139-205, ist es bei seiner eigenen Unterscheidung allein darum gegangen, zu plausibilisieren, dass das Gesellschaftssystem mit wachsender Komplexität von segmentärer auf funktional-spezifizierte Teilsystembildung umstrukturiert worden sei, wobei diese Entwicklung eine Ausdifferenzierung von Verfahren zur bindenden Entscheidung über Recht mit sich geführt und die Verselbständigung des Rechtssystems durch zunehmende Trennung von kognitiven und normativen Erwartungen und durch Überführung von konkreteren auf abstraktere (variantenreichere) Vorstellungen nach sich gezogen habe.

*Archaische* Gesellschaften seien vor allem auf das Prinzip der Verwandtschaft gegründet. Stammesverbände (Sippen) würden in „segmentärer Differenzierung" eine Mehrzahl von Familien zusammenhalten. Bezeichnend für dieses Strukturprinzip sei ein sehr hoher Grad an Selbstverständlichkeit und Alternativlosigkeit. Die expressive Funktion der Behauptung von Erwartungen, vom Zornesausbruch bis zur Rache, hätte Vorrang vor der instrumentellen Funktion der Durchsetzung. Funktionsbedingung sei, dass die Verwandtschaftssolidarität den Rechtsbruch im Regelfall überdauere. Übernatürliche Mächte würden das Recht verteidigen, aber nicht schaffen und ändern: „Das Recht bindet Götter wie Menschen" (a. a. O., S. 152). Wo Bedarf für sakrale Symbolbildung zurücktrete, entstehe lebenstechnisch erforderliches

Recht, das auf die Ehrwürdigkeit der Ahnen bezogen bleibe, doch sowohl „sakraler Ritualismus" als auch „traditionales Formelwesen" ließen sich in ihrer anschaulichen Form aus ihren Sinnzusammenhängen lösen. Für archaisches Denken sei Recht als Mittel der Gestaltung sozialer Beziehungen undenkbar. Das Rechtshandeln erscheine als Ritual, als konkrete Präsenz der Rechtsbehauptung. Es gebe keine Idee der Gerechtigkeit, die dem gegebenen Recht entgegentrete, aber weit zurückreichende Vorstellungsmotive von Vergeltung und *Reziprozität.* Abstraktheit sowie Kasuistik würden durch die Drastik der Sanktionen blockiert. Formalisierung und Ritualisierung böten allerdings in ihrer Rollenneutralisierung, die das Recht aus der Abhängigkeit vom Stammesaufbau herauszulösen geeignet gewesen sei, Ansatzpunkte für die weitere Entwicklung, dies aber nur dann, wenn sie durch Konfliktlösungsmechanismen, die auf Macht- oder Statusunterschiede gestützt seien, wieder abgebaut werden konnten. Außerdem habe die Wirtschaft eine Rolle gespielt, denn mit dem Ackerbau und dem Handel habe die Anzahl der Rechtsstreitigkeiten enorm zugenommen. Selbsthilfe und Kampf seien inopportun geworden. Die wirtschaftliche und politische Entwicklung der Spätarchaik hätte zudem das Problem der Kriminalität verschärft, welches „durch Einsetzung einer direkt auf das Individuum zugreifenden Strafgerichtsbarkeit" allein politisch habe gelöst werden können.

*Hochkulturen* vorneuzeitlicher Art seien in Gesellschaften mit unvollständiger funktionaler Differenzierung entstanden. Es habe Funktionszentren wie Märkte und Tempel gegeben und es habe politische Herrschaft, politische Verfasstheit in Ämtern und Verfahren gegeben. Hierarchien hätten eine „nicht nur okkasionell funktionierende, sondern erwartbare Entscheidungsleistung" ermöglicht, wiewohl aufseiten „der Unterworfenen eine andersartige Ordnung und eine andere eigene Stellung in der gegebenen Ordnung unvorstellbar" gewesen sei, was vonseiten der Herrschenden „Statuskongruenz" nötig gemacht habe; sie mussten „in allen oder fast allen Hinsichten hervorragen". Recht sei damals zu einem Komplex von normativen Verhaltenserwartungen geworden, die im Wege der Klage vor Gericht zur Anerkennung zu bringen seien, wobei die Enttäuschungsabwicklung auf den Rechtsweg kanalisiert worden sei.

Luhmann betonte den Zusammenhang zwischen der Ausdifferenzierung von Verfahren als „relativ autonome entscheidungsfähige Interaktionssysteme" und der Ausdifferenzierung politischer Herrschaft, weil erst die „Präsenz eines Dritten, der auf jeden Fall mächtiger ist als die streitenden Parteien" die Freiheit zu einer unabhängigen Entscheidung garantieren habe können (a. a. O., S. 172). Dadurch sei es möglich geworden, die Entscheidung im Verfahren zu finden (erarbeiten),

Ich lese seinen Rückblick jedoch weniger als einen Entwicklungsgang, mehr als Umschreibung gängiger *Rechtstypen*, und zwar der Typen des *nachträglich rückwirkend gesetzten* Rechts und des *vorausgesetzten* Rechts sowie des *gesetzten* Rechts.[46]

---

u. zw. durch Orientierung an Normen, nicht an Macht- oder an Konsensfragen. Nachdem normative Ansprüche ihre expressive Unmittelbarkeit verloren hätten, seien sie moralisch aufgeladen worden, „sie beziehen sich explizit auf Werte und Normen, von denen erwartet werden kann", dass jede/r „sie als Voraussetzung weiteren Zusammenlebens akzeptiert" (a. a. O., S. 174). Vom Standpunkt einer generalisierbaren Moral aus habe man sich als *gesellschaftliches Wesen* gezeigt. Das Recht gewinne Moralität, worin ein Appell an eine gemeinsame Ordnung über allem Streit liege, „in der man künftig zu leben entschlossen" sei, wodurch auch Rechtsänderungen eingeleitet würden, „in der Form neu anerkannter Ausnahmen einer alten Regel". Das Verfahren erzwinge „ein höheres Maß an Verbalisierung und Reflexion auf sozial akzeptierbare Selbstdarstellung" (a. a. O., S. 175). Die Selbstbindung als „vernünftiger" Mensch an eine abstrakte Ordnung habe eine „rationale Entscheidung im Streitfall" ermöglicht. Die ausgeprägtesten Varianten solcher Rechtskulturen seien das *römische Recht* und angelsächsisches *common law*. Beide hätten juristische Beratung erforderlich gemacht.

Begriffliche Ausarbeitung des Rechtsstoffs und seine fachkundige Beurteilung hätten die Trennung von *Rechtsfrage* und *Tatfrage* möglich gemacht. Erst dann sei es sinnvoll geworden, von der ‚Anwendung' des Rechts zu sprechen. Das habe wiederum eine an Tatsachen orientierte Kritik des Rechts ermöglicht. Der Verkehr mit anderen Gesellschaften habe den Vergleich von Recht mit sich gebracht, der „das eigene Recht als eine gesellschaftlich und historisch bedingte Ausprägung unter anderen" bewusst gemacht habe, ohne, dass deshalb das Recht schlechthin für änderbar gehalten worden wäre, denn nicht alles Recht sei einem Verfahren zugänglich gewesen (a. a. O., S. 183 f.). Das Recht sei in seinen „Wesenszügen" als „wahr" vorgestellt worden; der unvollständigen funktionalen Differenzierung entspreche die unvollständige Trennung normativer und kognitiver Erwartungen. Der Begriff des Naturrechts werde gerade dazu benötigt, invariantes Recht gegen variables Recht abzugrenzen.

[46] Luhmann, *Rechtssoziologie 1*, S. 147 f., sagte selbst, dass „auch gegenwärtige Sozialsysteme als archaisch bzw. als hochkultviert zu gelten haben, wenn sie die entsprechenden Merkmale aufweisen." Außerdem ist bei ihm von Gesellschaften entsprechenden „Typs" die

Die neuzeitliche Gesellschaft zeichnet sich seit der *Industrialisierung* durch eine weitgehende funktionale Differenzierung in selbstreferenzielle Teilsysteme aus, die operative Geschlossenheit mit kognitiver Offenheit verbinden;[47] *so* gilt das Recht nicht länger kraft Wahrheit, sakraler Einsetzung oder Tradition als unwandelbar, sondern kraft rechtsförmlicher Festsetzung – *das* ist Positivierung – als wandelbar.[48]

---

Rede. Gesellschaften archaischen Typs würden über „als Recht schlechthin" erlebte Rechtsregeln verfügen, könnten diese gleichwohl jederzeit durch konkretes Erwarten von Erwartungen unterlaufen und abändern. Archaische Formen der Schlichtung und Streitbeilegung bewegen sich „außerhalb des Prozesses" (a. a. O., S. 177), was für die Fortführbarkeit sozialer Beziehungen gütliche Einigungen ermöglicht, die mit der Fiktion einhergehen, dass sie bereits für das streitige Verhalten gegolten haben. Dieser Rechtstypus steht für konkrete, „vom unmittelbar gegebenen Erlebnisinhalt" sowie von subjektiven „Bedingungen der Beeindruckbarkeit" abhängige (a. a. O., S. 143) Sinnhaftigkeit, *Lebensnähe* des Rechts. Der zweite Typus steht für wertgestützte, von konkreten Härtefällen abstrahierende *Grundsätze*, die jedoch verallgemeinerbare Billigkeitserwägungen zulassen. Der dritte Typus steht für das, was als ‚Rechtsstaatlichkeit' bekannt ist.

[47] Luhmann, *Einführung in die Theorie der Gesellschaft*, S. 253 f., 260 f., hat die „Modernität" der Gesellschaft über funktionale Differenzierung charakterisiert und erst hernach Überlegungen darüber angestellt, „in welcher Art von Beschreibung" sie sich selbst charakterisiert (sich ihrer bewusst wird).

Die in der zweiten Hälfte des 18. Jahrhunderts einsetzende Industrialisierung war und ist mit Blick auf sog. ‚Entwicklungsländer' einschneidend und folgenreich. Vgl. Schulz, *Soziologie*, S. 81 ff., mit Bezugnahme auf kurz- und auf langfristige Auswirkungen wie Trennung von Haushalt und Betrieb, Urbanisierung, schlechte Arbeitsbedingungen oder daran anknüpfende wohlfahrtsstaatliche Entwicklungen sowie auf zentrale Aspekte des Wandels wie Rationalisierung, Bürokratisierung, Wertewandel und Säkularisierung. Vorindustriell wird z. B. zwischen Jäger- und Sammlergesellschaften, Gartenbau- sowie Ackerbaugesellschafen unterschieden. Vgl. G. Lenski/J. Lenski, *Human Societies*, Auckland 1978; G. Lenski/J. Lenski/P. Nolan, *Human Societies*, New York 1991.

[48] Luhmann, *Rechtssoziologie 1*, S. 190-204 (195 f.). Das 18. Jahrhundert habe den Umschwung zur Positivierung der Rechtsgeltung unter

## Rechtspositivität

Der Begriff der Positivität des Rechts *bezeichnet* die Auswahl der Rechtsnormen durch Entscheidung, *stellt* deren Gesolltsein als Gewolltsein *dar* und *drückt* Gebundenheit trotz und wegen ihrer Änderbarkeit *aus*.[49]

---

der formalen Deckung durch Naturrecht vollzogen. Erst im 19. Jahrhundert sei Rechtsetzung dann als Gesetzgebung zur Routinetätigkeit des Staatslebens geworden. Alter Rechtsstoff sei nicht mehr bloß der Praktikabilität im Gerichtsgebrauch wegen aufgearbeitet, kodifiziert worden, sondern um Gesetztheit und Änderbarkeit (Konditionalität der Geltung) auszudrücken, „die jetzt die Rationalität des Rechts zu garantieren hat." Der „Nährboden" für die volle Positivierung des Rechts seien Vorstellungsbereiche *außerhalb überlieferter Dogmatik* gewesen, wie öffentliches Recht, Arbeitsrecht und Wohnrecht (a. a. O., S. 201). „Genaugenommen" könne man von ‚Positivität' erst sprechen, seitdem die Setzung, die Entscheidung, selbst zur Rechtsgrundlage geworden ist, sodass positives Recht gilt, „weil seine Selektivität die Funktion der Kongruentsetzung erfüllt" (a. a. O., S. 203).

[49] Begriffe bezeichnen nicht nur Gegenstände der Erkenntnis, sie stellen zugleich auch Umstände der Erfahrung dar und drücken Zustände des Erlebens aus. Vgl. H. Pačić, *Apologie des Sokrates*, BoD, Norderstedt 2021, S. 30; H. Pačić, *Die Logik des Denkens*, in: S. Auer-Mayer et al. (Hrsg.), Festschrift Walter J. Pfeil, Manz, Wien 2022, S. 671-678 (673).

Die Gesetzgebung ist keine „Rechtsquelle" in dem Sinne, dass daraus Normen erfließen; sie werden durch Gesetzesbeschluss gewählt und symbolisch kenntlich gemacht. Vgl. N. Luhmann, *Rechtssoziologie 2*, Rowohlt, Reinbek bei Hamburg 1972, S. 207 ff. Der Gesetzesbeschluss sei nicht als *Ursache* für die Rechtsnorm zu verstehen, denn es gebe andere Ursachen und Vorursachen. Kausalität sei von der „Zurechnung" der Geltung des Rechts auf Entscheidungen zu unterscheiden; diese gebe Aufschluss darüber, an wen z. B. Vorwürfe, politische Sanktionen und Änderungswünsche zu adressieren seien. Nicht auf den einmaligen Akt, sondern auf stetig aktuelles Erleben von Recht als kraft des Aktes geltend komme es an. Recht sei nicht nur durch Entscheidung *gesetzt* (ausgewählt), es *gelte* auch kraft Entscheidung, es sei also kontingent (d. h. *auch anders* möglich) und änderbar.

Damit geht eine Gesinnung der *Toleranz* einher, die in der „Reflexivität der Normierung" aufgeht.[50]

---

[50] ‚Toleranz' meint hier Indifferenz gegenüber früherem und späterem Recht, hier solchem und dort anderem Recht sowie gegenüber formfreier Rechtspolitik, also Rechtskritik. Vgl. H. Kelsen, *Wissenschaft und Demokratie*, Neue Zürcher Zeitung, Nr. 321, 23. Februar 1936, S. 1-2; Nr. 327, 24. Februar 1937, S. 1-2. Luhmann, *Rechtssoziologie 2*, S. 209-213, erläuterte, das historisch Neue und Riskante der Positivität sei die Legalisierung von Rechtsänderungen. *Zeitlich* müsse das Recht dafür „ohne Beeinträchtigung seiner normativen Funktion als änderbar institutionalisiert werden", was möglich sei, weil die Funktion einer Struktur keine absolute Konstanz voraussetze, sondern lediglich erfordere, dass sie „in den Situationen, die sie strukturiert, nicht problematisiert wird." Das Recht gerate in Fluss; es stelle sich darauf ein, dass in funktional differenzierten Gesellschaften „durch die hohe Interdependenz aller Vorgänge die Zeit knapp wird", „rascher zu fließen beginnt." Damit steigere sich auch die *sachliche* Komplexität des Rechts, denn was sachlich Recht werden kann, hänge nicht mehr vom Nachweis ab, dass es schon immer Recht war. Das Recht werde „mehr und mehr zum Instrument planmäßiger Veränderung der Wirklichkeit in einer Fülle von Einzelheiten." Ein so mannigfach potenziertes Recht müsse dann auch in *sozialer* Hinsicht stärker generalisiert sein, es müsse „vom Wissen und Fühlen des einzelnen" Menschen „praktisch unabhängig sein und trotzdem akzeptiert werden." Luhmann zeigte auf, dass all das unverständlich bleibe, wenn man die Funktion des Rechts lediglich in der Erhaltung (Bewahrung) des Bestehenden sieht; die gestaltende Funktion werde ersichtlich „aus der Konfrontierung mit anderen Möglichkeiten." Vgl. H. Pačić, *Erhaltung und Gestaltung*, BoD, Norderstedt 2022.

Luhmann, *Rechtssoziologie 2*, S. 213, 255, sprach zwar von einer moralischen „Trivialisierung" des Rechts, dies aber nicht in dem Sinne, dass der in Rechtsform gebrachte Sinn seinem Inhalt nach trivial wäre, sondern, dass die Rechtlichkeit solchen Sinnes trivial werde, sodass man sich mit dem Großteil der Vorschriften nicht identifiziere, weshalb man sie nahezu unbemerkt auswechseln könne, ohne dass „wesentliche Sachgehalte aus den Köpfen und Herzen gerissen zu werden brauchen". Komplementär dazu würden Formen der Selektivitätsverstärkung im rechtlichen Entscheidungsprozess entstehen, „die es ermöglichen, mit weniger Indifferenz auszukommen." Damit sprach er reflexive Mechanismen an, wie z. B. das Entscheiden über Entscheiden oder Nichtentscheiden oder das Normieren der Normsetzung.

Die Rechtlichkeit rechtlicher Normierung, die Justiziabilität, zeigt sich in der Staatsgerichtsbarkeit, die erst die Ausdifferenzierung des Rechtssystems der Gesamtgesellschaft *vollendet*.[51]

---

[51] Luhmann, *Rechtssoziologie 2*, S. 214, hielt es für äußerst „unausgereift und unklar", worin die in reflexiven Prozessen durchzuhaltende Identität rechtlicher Normierung besteht, „welche Sinngehalte – mit anderen Worten – unabdingbar sind, damit es sich um rechtliche Normierung rechtlicher Normierung" handelt „und nicht etwa um Forschen, Lehren, Reden oder Moralisieren über Recht".

Angedacht ist, nicht nur in der Rechtstheorie, sondern gerade auch in seiner Rechtssoziologie, dass es die Gerichte sind, die gesellschaftlich für ermächtigt gehalten werden, darüber zu befinden, *ob* eine Norm als Rechtsnorm gilt, wenn ihre Anwendbarkeit streitig ist. Wenn aber gar kein Gericht zuständig ist, verbleibt die Kompetenz zur Klärung der Geltungsfrage außerhalb des Rechts, es sei denn es würde geregelt, dass die Gerichte *überprüfend* damit befasst werden können. Diesen Gedanken bis zum Ende denkend geleitet die Selbstreferenz des Rechts zur Verwaltungs- und Verfassungsgerichtsbarkeit. Der oben gewählte Terminus ‚Staatsgerichtsbarkeit' betont die strukturelle Koppelung aller Gerichtsbarkeit mit dem politischen System; sie ist zwar politisch unabhängig, aber sie ist politisch organisiert. Vor diesem Hintergrund lässt sich die aufgeworfene Frage nach der Rechtlichkeit der Rechtsnormen, mit anderen Worten: danach, was als ein Rechtsetzender Willensakt zu deuten ist, dahingehend beantworten, dass der gesuchte „unabdingbare Sinngehalt" in der Gerichtsfähigkeit der Norm – und damit in ihrer Einordnung in die mit politischer Macht gesicherte Rechts*ordnung* – zu finden ist. ‚Gerichtsfähigkeit' bedeutet als ‚Justiziabilität' zwar auch ‚Gerechtigkeitsfähigkeit', aber als „Fähigkeit" kein naturrechtlich begründetes Minimum, denn obschon sich gewisse Prinzipien der Moral „herausabstrahieren und als invariant und unantastbar institutionalisieren lassen", sind sie „nicht instruktiv genug, um den Prozess laufender struktureller Variation wirklich steuern zu können." Daher hat Luhmann Rückgriffe auf „vorreflexive Ordnungsvorstellungen" für fragwürdig gehalten und stattdessen darauf verwiesen, dass reflexive Mechanismen unentbehrlich seien, um das bisher gewonnene Niveau gesellschaftlicher Komplexität zu halten; solche Maßnahmen seien nicht in beliebige Systeme einführbar, „sondern stellen hohe Anforderungen an die Systemstruktur" (a. a. O., S. 215 f.). Er wies (a. a. O., S. 239 f.) in anderem Kontext selbst auf das hin, was hier mit ‚Staatsgerichtsbarkeit' angesprochen ist, indem er sagte, dass die hohe *Abstraktheit* physischer Gewalt sich nicht unvermittelt mit hoher *Beliebigkeit* der Rechtsetzung verbinden lasse; sie sei nur in Prozessen

Funktionale Verselbständigung des Rechts wird gleichwohl schon durch förmliche Verfahren zum kollektiv bindenden Entscheiden und politisch organisierte Durchsetzbarkeit erreicht; die Autopoiesis des Rechtssystems wird als „zwangsbewehrte Normenordnung" aufrechterhalten.[52] *Staatlichkeit* inhäriert der

erträglich, die unter fixierten Programmen arbeiten, weswegen dieses „Risiko der Abstraktheit" der Legislative entzogen und auf die Justiz konzentriert sei. Dem entspreche das rechtsstaatliche Postulat, „den Zugang zur physischen Gewalt schlechthin durch Prozesse der Rechtsprechung zu filtern, das heißt *alle* privaten oder staatlichen Akte, die Gewalt in Anspruch nehmen, justizförmiger Kontrolle zu unterwerfen."

[52] Nach C. Jabloner, *Wie zeitgemäß ist die Reine Rechtslehre?* Rechtstheorie 29/ 1998, S. 1-21, ist der Angelpunkt der „Reinen Rechtslehre" die Beschreibung des Rechts als einer „spezifischen Sozialtechnik, die in der spezifischen Steuerung menschlichen Verhaltens mittels Zwanges" besteht (a. a. O., S. 3). Vgl. Luhmann, *Rechtssoziologie 2*, S. 219-226. Die Frage der Durchsetzbarkeit dürfe in rechtsanwendenden Entscheidungsprozessen „kein Problem der Voraussucht" werden, sondern müsse „als jedenfalls lösbar unterstellt werden können, wenngleich die „besondere Selektivität des Erzwingungsapparates" nicht ausgeschlossen werden könne. Es gehe dabei keineswegs darum, Zwang zum Motiv der Rechtsbefolgung zu erheben, sondern darum, dass zeitliche, soziale und sachliche Generalisierung von Verhaltenserwartungen so gesteigert sei, dass deren Kongruenz nicht mehr durch bestimmte normale Motivlagen gesichert werden könne, sondern nur noch durch hohe Indifferenz gegen jede Art individueller Motivationsstruktur", sodass die *Möglichkeit* der Erzwingbarkeit zum inhärenten Merkmal des positiven Rechts werde; als eine Möglichkeit werde sie „nicht allein schon durch das bloße Faktum hoher Abweichungsquoten, Dunkelziffern, Toleranzen und Prozesskosten beeinträchtigt." Allerdings vertrage sie kein Recht, „das prinzipiell nicht erzwingbar ist" und sie sei „allergisch" gegen symbolisch-demonstrativen Gewaltgebrauch *gegen* das positive Recht. Soweit ein nicht erzwingbares Verhalten mit Hilfe von Recht motiviert werden soll, werde es „auf dem Umweg über erzwingbare Ansprüche oder Belastungen in seinem Kalkulationsrahmen verändert und so beeinflusst." In der erwähnten, von Kelsen begründeten rechtstheoretischen Lehrrichtung der sog. ‚reinen' Rechtslehre werden in diesem Sinne *unselbständige* Zwangsnormen angenommen, es werden auch Zwangsnormerzeugungsnormen, Zwangsnormen und Zwangsnormvollzugsnormen unterschieden. Vgl. R. Walter, *Der Aufbau der Rechtsordnung*, Manz, Wien 1974.

Rechtlichkeit, die Zweckprogrammierung der Rechtspolitik hingegen nicht.[53] ‚Rechtspolitik' fasse ich als programmierendes, ‚Rechtsanwendung' als programmiertes Entscheiden auf; und zwar erstere *ohne*, letztere *unter* Selbstbindung an die eigenen Entscheidungsprämissen.[54]

---

Luhmann, *Rechtssoziologie 2*, S. 224 f., erwähnte außerdem die Trennung des Rechts „von sozialisierenden, erziehenden, erbaulichen Funktionen", doch scheint mir das nicht unbedingt eine „Funktionsbedingung" zu sein, wie Menschenrechte und die mittelbare Drittwirkung von Grundrechten zeigen, die eine Wertehaltung zu vermitteln gedacht sind.

[53] Die Frage nach der ‚Zweckmäßigkeit' eröffnet, und sie legitimiert *Alternativen*. Luhmann, *Rechtssoziologie 2*, S. 227-234, sprach insofern von ‚Programmierung', als Systemprobleme durch die Angabe „einengender Bedingungen" ihrer Lösung definiert und aufgrund dessen durch Entscheidung lösbar sind. Die konditionale Programmierung richtigen Entscheidens durch Verknüpfung von Tatbestand und Rechtsfolge sei zwar schon altbewährt, doch seien „ethische und utilitaristische" Zweckmomente immerzu in ihre Begründung eingegangen. Letztendlich liege der Grund dafür, dass sich positives Recht „schärfer und ausschließlicher" als früheres Recht auf Konditionalprogramme umstellt, darin, dass „nur auf diese Weise sehr hohe Komplexität in kongruent erwartbare Entscheidungen umgesetzt werden" könne. Dadurch werde eine Beziehung zwischen der Kontingenz des Verhaltens und der Kontingenz der Sanktion hergestellt, wodurch die „tragbare Unsicherheit" gesteigert werde. Zudem eröffne dies Variationsmöglichkeiten, denn das ‚Wenn' oder das ‚Dann' könne ausgewechselt und dabei die Gegenseite belassen werden. Deren Form entlaste auch von übermäßigen Anforderungen an Aufmerksamkeit, an Folgenverantwortung und koordinierender Kommunikation. Zweckprogramme würden eine entscheidungsnahe, laufende Überwachung und Kontrolle erfordern, weil „der Zweck allein das Mittel nicht rechtfertigt", die situationsabhängige Wahl der Mittel könne „immer wieder unerfreuliche Konsequenzen" haben. Zwischen programmierendem und programmiertem Entscheiden sei zu unterscheiden, über den Erlass und die Änderung von Konditionalprogrammen könne politisch unter Zweckgesichtspunkten entschieden werden.

[54] Von ‚Selbstbindung' ist hier nicht in dem Sinne die Rede, dass ein Gericht von den eigenen oder den Entscheidungen anderer Gerichte nicht abrücken könnte, sondern in dem Sinne, dass dies nur insofern infrage kommt, als es sich von der Vorentscheidung als einer

Unabhängigkeit der Rechtsprechung wie auch Gleichheit vor dem Gesetz ruhen auf der Entbindung der Gerichtsbarkeit von der *Verantwortlichkeit für Entscheidungsfolgen.*[55]

Das positive Recht ist in seiner strukturellen Variabilität, wie Luhmann sagte, „unvermeidlich politisch ausgewähltes, ‚staatliches' Recht."[56] Der Staat wird wohl zum *Rechtsstaat* insofern,

---

„verfehlten" distanziert oder den alten Fall als „anders" beurteilt, wohingegen sich die Gesetzgebung auch von vormals „rechtsrichtigen" Entscheidungen zugunsten einer anderen Entscheidung lossagen kann und bei geänderten Verhältnissen „nachziehen" und eine neue Entscheidung fällen kann. Vgl. Luhmann, *Rechtssoziologie 2,* S. 238-242, der Gesetzgebung typischerweise „nicht mehr unter Konditionalprogrammen", sondern unter (mehr oder weniger unbestimmten oder schlicht auf Gemeinwohl abzielenden) Zweckprogrammen gesehen hat, „es sei denn in der nur negativen Form eines verfassungsmäßigen Ausschlusses von Möglichkeiten".

[55] Luhmann, *Rechtssoziologie 2,* S. 231-233. Nicht ein Wertverhältnis unter den Folgen, sondern die Geltung der Norm „trage" die Entscheidung. Dies ist jedoch kein Einwand gegen die teleologische Auslegung, denn Luhmann sagte, die Norm könne „allenfalls in dem Deutungsspielraum, den sie bietet, so ausgelegt werden, dass die *generell* bei ihrer Anwendung zu erwartenden Folgen vernünftig und tragbar erscheinen."

Luhmann (a. a. O., S. 241) verstand ‚Verantwortung' als ein übernommenes Risiko und ‚Verantwortlichkeit' als normierte Rechenschaftspflicht. Der Gesetzgeber *könne* nicht nur, er *müsse* auch, weil „er die Möglichkeit der Selbstkorrektur hat, für die Folgen seiner Gesetze einstehen." Es bilde sich eine neuartige, eine „politische" Verantwortlichkeit, die nicht verschuldens-, sondern erfolgsabhängig „durch Auswechseln leitender Persönlichkeiten vollzogen wird."

[56] Luhmann, *Rechtssoziologie 2,* S. 242-245. Jedes Sozialsystem reagiere auf Krisen von beträchtlichem Ausmaß mit Strukturänderungen, im Extremfall durch Auflösung. Erhöhung struktureller Variabilität ermögliche ein Vorverlegen und Verkleinern der Krisenschwelle „und damit einen Gewinn an Zeit und an Chancen der Reaktion." Das System werde umweltempfindlicher, verzichte dabei aber auf „die hohe Evidenz der Änderungsnotwendigkeit". Hohe strukturelle Variabilität hänge davon ab, dass System-Umwelt-Beziehungen auf einem hinreichend hohen Niveau der Komplexität artikulierbar seien. Hohe, aber entscheidbare Komplexität sei nicht auf gesamtgesellschaftlicher

als seine Legislative politisch legitimiert, seine Exekutive indes bürokratisiert und seine Judikative politisch neutralisiert wird.[57]

---

Ebene regulierbar, sondern „im Verhältnis eines gesellschaftlichen Teilsystems, nämlich des politischen Systems, zu seiner gesellschaftlichen Umwelt. Die hohe Komplexität des Gesellschaftssystems könne auf diese Weise in gesellschaftsinternen System-Umwelt-Auseinandersetzungen bearbeitet werden, sodass sich die Gesellschaft durch Innendifferenzierung selbst dynamisieren könne. Unter dem Druck hoher gesellschaftlicher Komplexität und institutionalisierter Bereitschaft zur Strukturänderung würde die hierarchische Steuerung des Systems durch eine Struktur ersetzt, die Politik und Verwaltung (als bürokratisiertes Teilsystem) funktional trennt und das gesamte, diese beiden Teile umfassende politische System durch Kommunikationsprozesse zwischen ihnen integriert.

Zu den Bedingungen, die es ermöglichen, statisch vom Naturrecht abhängiges Recht durch variables Recht zu ersetzen, zählte Luhmann (a. a. O., S. 247-250), die „Kanalisierung der Neusetzung und Änderung des positiven Rechts auf den politischen Weg" (mithin die organisatorische Zentralisierung der Gesetzgebung,) sowie die Regulierung politischer Konflikte, (sodass die politischen Fronten „nicht durchgehende gesellschaftliche Gegensätze widerspiegeln"). Ferner müsse eine die Rechtsetzung durch Vorselektion vorbereitende Politik in Bezug auf Werte opportunistisch verfahren können, d. h., dass Werte zwar als Gesichtspunkte des Schätzens abstrahiert, jedoch nicht „im Sinne eines festen Rangverhältnisses auf Dauer gestellt werden" können. Das Herabsetzen der Änderungsschwelle von Strukturen müsse dabei in einem angemessenen Verhältnis" zur „Selektionskapazität" des Systems stehen, um nicht „mit Anträgen, Petitionen, Entwürfen, Gegenvorstellungen und Pressionen, denen kein adäquates Sortierungsvermögen gegenübersteht", überflutet zu werden.

[57] Das Zweifelsmoment (arg. „wohl) rührt daher, dass sich Luhmann, *Rechtssoziologie 2*, S. 245, unklar ausgedrückt hat, denn er sprach teils von ‚Verwaltung' in einem engen Sinne, der den hierarchischen Ordnungstypus des bürokratischen Teilsystems meint, teils im weiten Sinne eines Systems, das in Gesetzgebung und Rechtsprechung differenziert sei. Die „eigentliche" Politik spiele sich im Vorfeld derjenigen Prozesse ab, die zu kollektiv bindenden Entscheidungen führen. Die Trennung von Legislative, Exekutive und Judikative sei „interne Differenzierung" der Verwaltung und diene „der Staffelung und Filterung des politischen Systems auf die Verwaltung." Politischer Einfluss auf die Legislative sei legitim, „auf die Exekutive teils legitim, teils im Namen des Rechts abwehrbar, auf die Justiz auf jeden Fall illegitim." Man

*Legitimität* verschafft sich das politische System selbst, und dies *als* Staatsgewalt *durch* Verfahren zur Staatswillensbildung, die Widerwillen in Zumutbarkeit der Rechtsdurchführung – sei sie Rechtsbefolgung oder Rechtsdurchsetzung – übersetzen.[58]

---

könne dieses Gewaltenteilungsschema „also als Schema abgestufter politischer Neutralisierung der Verwaltung des kollektiv bindenden Entscheidungsprozesses begreifen und diesem als Ganzem die eigentlich politischen, heute praktisch parteipolitischen Prozesse der Informationsverarbeitung gegenüberstellen." ‚Verwaltung' ist dann wohl der Staat und wovon hier die Rede ist, müsste die Rechtsstaatlichkeit sein, denn Luhmann sprach von der besagten Neutralisierung als „Eckstein des Gesamtaufbaus" und als „eine der Bedingungen einer solchen funktionalen Differenzierung." Luhmann selbst benutzte das Wort ‚Rechtsstaat' hier nicht, weil er damit die Vorstellung verband, „dass das politische System der Gesellschaft seinem Wesen als ‚Staat' entsprechend durch eine Rechtsverfassung bestimmt, das heißt im Kern Recht sei" (a. a. O., S. 252). Das hat aber selbst die „Reine Rechtslehre", die den Staat mit dem Recht gleichsetzte, nie behauptet (sie setzte nicht die Politik mit dem Staat gleich). Rechtsförmlich verfasste Politik ist keineswegs Recht, sondern die Bindung politischer Macht an die (Staats-)Verfassung (und das Völkerrecht, soweit es Staatsrecht ist). Vgl. H. Kelsen, *Das Wesen des Staates*, Internationale Zeitschrift für Theorie des Rechts 1926/27, S. 5-17; A. Verdross, *Zur Konstruktion des Völkerrechts*, Zeitschrift für Völkerrecht 1914, S. 329-359; A. Verdross, *Völkerrecht und einheitliches Rechtssystem*, Zeitschrift für Völkerrecht 1923, S. 405-438; A. Merkl, *Das Problem der Rechtskontinuität und die Forderung des einheitlichen rechtlichen Weltbildes*, Zeitschrift für öffentliches Recht 1926, S. 497-527.

[58] Der Begriff der Legitimität, der im Mittelalter der Abwehr von Usurpation und Tyrannis diente und nunmehr die verbreitete „Überzeugung von der Gültigkeit des Rechts oder der Prinzipien und Werte, auf denen bindende Entscheidungen beruhen", bezeichnet, wurde von Luhmann, *Rechtssoziologie 2*, S. 259-266, unter dem Gesichtspunkt von Änderungsmöglichkeiten durch den Einbau von Lernmöglichkeiten in das Recht gesehen. Das Institutionelle daran liege „weder in einer Wertableitung noch in der faktischen Verbreitung von bewusstem Konsens, sondern in der *Unterstellbarkeit des Akzeptierens*. Dazu brauche es der symbolisch-generalisierenden Wirkung physischer Gewalt, um die Annahme zu stützen, „dass niemand rebelliert", sowie der Einrichtung von Verfahren zur Erarbeitung bindender Entscheidungen, um die Konsolidierung eines erwartbaren Interesses Dritter *gegen* bindende

Politische Fairness, die sich vielleicht mit ‚Zukunftsoffenheit' sowie mit ‚Vermittlung zwischen widerstreitenden Interessen' umschreiben lässt, hält zur politischen Rechtskontrolle an, die

---

Entscheidungen zu verhindern. Diese Verfahren brächten die Beteiligten dazu, sich ihrer sozialen Rollen entkleidet *selbst* mit ihrer *eigenen* Meinung und ihren *persönlichen* Interessen darzustellen.

Indem sich das politische System selbst legitimiere, sei es in dieser Leistung auch kritisierbar. Die Kritik habe dann jedoch nicht mehr „die Form einer Prüfung, ob das politische System im Rahmen vorgegebener", *darum* politisch gar nicht zu verantwortender, Normen bleibt, „sondern sie fragt, ob das politische System" in der Art und Weise, wie es *sich* programmiert, „Lernen ermöglicht und Institution werden kann" (a. a. O., S. 266). ‚Lernen' ist die Übernahme der Entscheidung als Prämisse des weiteren Erwartens und Verhaltens (a. a. O., S. 261).

Luhmann, *Rechtssoziologie 2*, S. 267-282, unterschied die ‚Rechtsbefolgung' als normgemäßes Handeln von der ‚Rechtsdurchsetzung', „wenn und soweit nicht normgemäßes Handeln" Aktivitäten „auslöst, die der Erhaltung des Rechts oder der Wiederherstellung rechtmäßiger Zustände dienen." Nach üblicher Auffassung würde die Durchsetzung des gesetzten Rechts von den Faktoren „Konsens" und „Zwangsgewalt" getragen, denen jedoch ein Informationsproblem vorgeschaltet sei, woran Motivationsprobleme anknüpfen. Zu bedenken sei, dass es nicht nur um Kenntnis von Rechtsverstößen gehe, sondernd darum, dass auf Durchsetzung teils Wert gelegt werde, *teils nicht*. Moralische Empörung reiche dafür bei weitem nicht aus. Eine Vielzahl von Rechtsverletzungen werde über Klage (Beschwerde, Antrag u. dgl.) in Gang gebracht, was nicht nur Geld und Zeit, sondern auch den „Entschluss zum Außergewöhnlichen" erfordere, weil eine Rechtsverfolgung nicht alltäglich sei. Hierbei seien „schichtenspezifische Selektoren am Werk"; der von ihm sog. Beschwerdemechanismus habe „einen unter Statusgesichtspunkten diskriminierenden Effekt." Außerdem komme es besonders in Dauerbeziehungen zu einem „Ausfiltern von Bagatellsachen", kleinere Rechtsverstöße würden hingenommen. Zu den Alternativen *der* Rechtsverfolgung würden sich Alternativen *zur* Rechtsverfolgung gesellen; so könne allein das Wissen um einen Verstoß einen „Tauschwert" haben, der „zur Durchsetzung anderer Ziele oder zur Stabilisierung anders nicht möglicher Beziehungen benutzt" werden könnte. Hinzu käme z. B. „eine sinnvolle Ökonomie des Einsatzes knapper Ressourcen," insb. von Personal, was auf planmäßige Nichtdurchsetzungsquoten, „selektive Nichtaufmerksamkeit" hinauslaufe. Ein Recht, das sich prinzipiell außerstande sehe, solche Phänomene zu legitimieren, verzichte damit zugleich auf ihre Regulierung und Kontrolle.

zur Selbstkontrolle des Rechtssystems durch „Instanzenzüge", staatsgerichtlich nebst Justiz *vollends* durch Verwaltungs- und Verfassungsgerichtsbarkeit, und durch den juristischen Diskurs hinzutritt.[59]

Ungeachtet seiner Abhängigkeit von politischen Entscheidungen und „nichtstaatlicher Fortsetzung" der Rechtsbildung, „bleibt das Recht gesamtgesellschaftliche Struktur."[60]

---

[59] Luhmann, *Rechtssoziologie 2*, S. 282-293, hat unter ‚Kontrolle' die „kritische Überprüfung von Entscheidungsprozessen" verstanden, „mit dem Ziel eines ändernden Eingriffs für den Fall, dass der Entscheidungsprozess in seinem Verlauf, seinem Ergebnis oder seinen Folgen den Gesichtspunkten der Kontrolle nicht entspricht." Im Groben hat er drei Kontrollmechanismen unterschieden, nämlich die *hermeneutische*, die *professionelle* und die *politische* Kontrolle. Zur „herrschenden Meinung" in der Rechtsdogmatik sagte er, dass diese „eine ambivalente, den Situationen und dem Rollenkontext sich anpassende Einstellung zum Recht" ermögliche, indem sie das Recht als gewiss *und* als ungewiss zugleich darstelle. In einer komplexitätsbedingten *größeren Distanz* zwischen kontrollierenden und kontrollierten Prozessen liege der Vorteil der Möglichkeit *vorwurfsfreier* Kontrolle.

[60] Luhmann, *Rechtssoziologie 2*, S. 251-258, verstrickte sich hier in Ungereimtheiten, denn einerseits erklärte er, dass sich in allen Teilsystemen der Gesellschaft, „ja in jeder einzelnen Handlung" ein direkter oder indirekter Bezug auf kongruent generalisierte Verhaltenserwartungen finde, die er entschieden als ‚gesamtgesellschaftliche Struktur' bezeichnet hat. Andererseits sprach er von ‚nichtgesellschaftlichem Recht' und meinte damit durch Organisationen geschaffenes Recht, dessen Anerkennung „als Bedingung für Eintritts- und Austrittsentscheidungen, als Bedingung der Übernehme einer Mitgliedsrolle im System formuliert" würde. Solches Recht entstehe „ohne Durchlauf durch die Politik" und unter Entfall der einschränkenden Voraussetzung gesamtgesellschaftlicher Institutionalisierung und politischer Kontrolle". Die Ausführungen stehen im Zusammenhang mit der Zunahme „nichtstaatlichen" Rechts, von dem er sagte, dass es sich auf Gesetze stützen könne, weil es z. B. auf Vertragsfreiheit oder Eigentum beruhe. Zwar hat er Recht damit, dass es sich dabei nicht um Recht handelt, „das auf der Ebene des Gesellschaftssystems gebildet wird", sofern er damit nichts anderes meint als die Nichtstaatlichkeit, nur scheint mir dann nicht nachvollziehbar, dass er meinte, nicht jeder beliebige Dritte könne als Mitträger in Anspruch genommen werden. Er gab ein

## Sozialer Wandel II

Der Funktionswandel von Normen des Rechts spiegelt soziale Veränderungen wider, Rechtssätze können sozialen Wandel aber auch blockieren, Änderungen von Rechtssätzen vermögen einen solchen zu vermitteln oder selbst anzustoßen.[61]

---

*Beispiel*: Man erwarte nicht, dass außenstehende Dritte das Rechtverbot eines Betriebes normativ miterwarten, nur Mitglieder seien daran gebunden; „andere verhalten sich dem System gegenüber lediglich kognitiv und passen sich dessen Normierung lernend an." Anders bewertete er die Situation, wenn das Rechtverbot die Konsequenz einer gewerbepolizeilichen Auflage wäre. Das würde aber bedeuten, dass Vertragspflichten nicht rechtsverbindlich wären, solange keine Behörde hoheitlich darauf Bezug nimmt. Der Vertrag „verpflichtet" zwar nur die Vertragsparteien, aber die „Rechtsverbindlichkeit" *jeder* rechtsgültig vereinbarten Vertragspflicht wird sehr wohl von Außenstehenden miterwartet. Ebenso wird ein rechtsgültig angeordnetes Rauchverbot im Betrieb auch von Betriebsfremden normativ und nicht nur kognitiv erwartet, es sei denn es wäre gar nicht *rechtlich* verbindlich. Es gibt eine Vielzahl von Regeln, die *nicht* justiziabel sind; diese können dann aber im Lichte der bisherigen Ausführungen nicht als *kongruent generalisierte* normative Verhaltenserwartungen eingeordnet werden.

[61] Luhmann, *Rechtssoziologie 2*, S. 294-298, erwähnte auch die Neuformulierung von Rechtssätzen, etwa im Rahmen einer bloß rechtsbereinigenden Kodifikation, die keinen gesellschaftlichen Wandel bewirkt.

Zunächst stellte er fest, dass allgemein anerkannt sei, „dass das Recht durch die gesellschaftliche Entwicklung mitbestimmt wird und sie zugleich mitzubestimmen vermag", doch seien damit nur „Extrempositionen" abgewehrt, sonst nichts gewonnen. Sobald Recht rechtmäßig änderbar werde, stelle sich die Frage nach dem Orientierungskontext solcher Änderungen in neuer Weise; sie können dann nicht mehr rechtsimmanent, sondern müssen in Bezug auf die Gesellschaft entfaltet werden, d. h., Recht müsse als Gesellschaftsstruktur und seine „Kategorien" als Kategorien gesellschaftlicher Planung gesehen werden. Stabilität sei nun nicht länger *Voraussetzung*, sondern *Problem* des planerischen Entscheidens.

Das Problem liege jetzt nicht mehr in der „Höhe des Erwartungsrisikos, das man von einem gegebenen Fundus an Selbstverständlichkeiten aus im geltenden Recht absorbieren" könne, es verlagere sich in die Frage der „Aufnahmefähigkeit der Gesellschaft für Recht, das unter *einseitigen* Gesichtspunkten im Widerspruch zu strukturell

Die Gesellschaft kann nicht allein von der Rechtsverfassung aus begriffen werden; als „Struktur unter Strukturen" zeigt sich die „Gesellschaftlichkeit" des Rechts in und an der *strukturellen Kompatibilität*.[62]

---

bedingten", nicht weniger sinnvollen oder vertretbaren „normativen Erwartungshaltungen neu gesetzt" werde (a. a. O., S. 300).

[62] Unter einer ‚Struktur' sind, zur Erinnerung, die jeweils nicht problematisierten, sinnhaften Voraussetzungen über soziale Systeme und ihr Verhältnis zur Umwelt, „auf die man sich in der Interaktion einlässt", zu verstehen. Luhmann betonte, dass die Gesellschaft nie „faktisch ein Rechtsinstitut" sei (oder gewesen sei), etwa ein Vertrag, obwohl sie als Rechtsverhältnis symbolisiert werde, solange „riskante Errungenschaften" wie „Herrschaft, Frieden, bindende Verträge, Geld", rechtlich stabilisiert würden. ‚Kompatibel' im oben angesprochenen Sinn sei Recht „in dem Maße, als die Bedingungen seiner Veränderung mit den Bedingungen gesellschaftlichen Wandels in Übereinstimmung gebracht werden können", was impliziere, dass die Bedingungen der Nichtveränderung gleichfalls integrierbar seien.

Luhmann diskutierte die strukturellen Eigentümlichkeiten einer Gesellschaftsordnung, von denen ihre rechtliche Umstrukturierbarkeit abhängt, mithilfe der Unterscheidung von zugeschriebenem und erworbenem Status, Unifunktionalität und Multifunktionalität, instrumenteller und expressiver Orientierungen wie auch mit Blick auf Fragen der Systembildung und Systemdifferenzierung. Dabei stellte sich heraus, dass Rechtsänderung einerseits ein *Motivationsproblem* im Hinblick auf bestimmte wechselnde Adressaten und andererseits, als Einwirkung auf die Umwelt anderer Systeme, ein *Absorptionsproblem* sei. Beide Probleme müssten zusammen gelöst werden. Die Aufnahmefähigkeit der Gesellschaft für rechtlich angestoßene Änderungen sah er in Abhängigkeit davon, dass Interdependenzen im Gesellschaftssystem nicht zu hoch sind (oder unterbrochen werden); würde alles mit allem zusammenhänge, so könnten bestimmte Eingriffe nicht bestimmte Wirkungen erzielen. Allerdings nehmen die Wechselbeziehungen zwischen Funktionskreisen und Teilsystemen zu. Die Zahl und die Verschiedenartigkeit der Fälle haben nach Luhmann zwar zugenommen, doch hängen jeweils nur relativ wenige Entscheidungen derart voneinander ab, dass die einen geändert werden müssen, wenn die anderen sich ändern. Die Verklammerung des Rechtssystems mit einer stetig komplexer werdenden Gesellschaft habe beibehalten werden können, „weil die Verklammerung von Recht mit Recht nicht nachvollzogen" worden sei. Dazu vgl. Luhmann, *Rechtssoziologie 2*, S. 298-333. Wenn

Erleben und Handel konkretisiert sich „aus einer Mehrheit von sinnverbindenden und -abgrenzenden Systemen" und lässt sich deshalb *nicht unvermittelt*, nicht ohne „Effektvermittlung" aufgrund von Persönlichkeit, in den Interaktionen oder durch diverse Organisationen und in Abhängigkeit von der jeweiligen Systemgeschichte, der Selbststeuerungsfähigkeit und relativer Invarianz des Verhältnisses von System und Umwelt „rechtswirklich" verändern.[63]

---

es tatsächlich so wäre, dass das Recht interdependenten Sozialverhältnissen „ausweicht", dann könnte es sie, wie Luhmann damals meinte, sicherlich nicht adäquat abbilden. Seither sind aber einige Jahrzehnte vergangen, in denen diese, wie er sagte, „Divergenz von Recht und Sozialplanung" durchaus zu berücksichtigen gesucht wurde. In jüngerer Zeit bietet der Datenschutz ein gutes Bsp. dafür, denn er durchzieht alle Rechts- und Lebensbereiche.

[63] Luhmann, *Rechtssoziologie 2*, S. 318-324. Zunächst sei an die organisch konditionierten psychischen Systeme (Persönlichkeiten) zu denken, weil diese „als relativ festliegende Strukturen alle Erlebnisverarbeitung und Handlungsselektion mitbedingen." Ferner werde „sozial relevantes Handeln" durch Interaktion unter Anwesenden (einfache, elementare soziale Systeme) gesteuert. Zwischen sie und die Gesellschaft würden sich zunehmend organisierte Sozialsysteme schieben, deren Identität und Strukturselektion durch Bedingungen des Ein- und Austretens geregelt seien und die „dadurch einen Zusammenhang von Interaktionen unter Nichtanwesenden herstellen können," ohne „allgemeine Gesellschaftsstrukturen" dafür nutzen zu müssen.

In den genannten Systemen fungiere Systemgeschichte als Struktur (Prämisse der Erlebnisverarbeitung). Auf Gesellschaftsebene institutionalisierte strukturelle Variabilität setze sich nicht ohne weiteres darin (in den übrigen Systemen) fort.

Mit ‚Selbststeuerungsfähigkeit' meinte er die Fähigkeit, bei Umweltänderung Anpassungsentscheidungen herbeizuführen, sowie die Bandbreite der Ereignisse, über die eine Anpassung möglich ist. Für Rechtspolitik bedeute das, dass Neuerungen mit einem minimierten Aufwand an Strukturänderungen realisiert werden können, „ohne dass die strukturellen Konsequenzen bei der Rechtsetzung mitgeplant werden müssten;" sie würden schlichtweg in die Umwelt der Systeme eingeführt, in der Annahme, dass diese sich anpassen werden, ohne ihre Identität zu verlieren.

Soweit sich globale Strukturen im kognitiven Erwartungsstil bilden, *trotzen* diese der „normativen Grundeinstellung" bei der „regionalen" Rechtsbildung; soweit das positives Recht sie aber zu verarbeitet versteht, wird es zu *Weltrecht ohne Weltstaat*.[64]

---

Zuletzt wies Luhmann darauf hin, dass Änderungen des Rechts „in dem Maße besser absorbiert werden" können, „als zwischen Systemen und ihren Umwelten ein „Verhältnis relativer Invarianz" bestehe, sodass Systeme indifferent dagegen sein können, ob die Umwelt sich ändert oder nicht. Auf Rechtsänderungen könne das System dann kognitiv (lernend) reagieren, obwohl es dabei in der Perspektive der Gesellschaft" und ihres politischen Systems um normative Erwartungen geht.

[64] Luhmann hob die zunehmende Diskrepanz zwischen der globalen Gesellschaft, universeller Kommunikation, auf der einen Seite und dem positiven Recht auf der anderen Seite, „das innerhalb territorialer Jurisdiktionsgrenzen in Geltung gesetzt wird", hervor. Solange es keinen Weltstaat gebe, fehle dem System der Weltgesellschaft ein Moment, das die alteuropäische Tradition für wesentlich gehalten hätte, nämlich die Eigenschaft eines handlungsfähigen sozialen Körpers. In der begrifflichen, dogmatischen Konzeption überstaatlichen Rechts sei ein Recht der Weltgesellschaft nicht vorbereitet. Diese konstituiere sich hauptsächlich in kognitiven Erwartungseinstellungen. Vgl. N. Luhmann, *Die Weltgesellschaft*, Archiv für Rechts- und Sozialphilosophie 57/1971, S. 1-35.

Ein Abbau von Recht, ein ‚Absterben des Staates' zeichne sich nirgends ab, doch wäre zu bedenken, „ob nicht der Staat selbst sich verändert in dem Maße, als die Weltgesellschaft sich konsolidiert." Positivität heiße schließlich „Einbau von Lernmöglichkeiten ins Recht trotz ihres Widerspruchs zur normativen Grundeinstellung." Weltweite Strukturbildungen mitsamt Folgeproblemen würden regional gesetztes Recht nicht in Form übergreifender Normierung regieren. Die Dynamik der Weltgesellschaft setze *stattdessen* Lernanlässe, übe vielleicht Lernpressionen aus und zeichne eine gewisse Nichtbeliebigkeit von Problemlösungen vor. Das ist tatsächlich beobachtbar, derzeit etwa vor dem Hintergrund des Klimawandels am Themengebiet „Nachhaltigkeit".

‚Globalisierung' bedeutet für das Recht einen die moralisch-ideologische Rechtsbegründung durch *funktionale Rechtskritik* ersetzenden Wandel der Normativität.[65]

---------

Bestimmen wir ‚Recht' zum Schluss als ein *soziales Funktionssystem, das die Gesellschaft als Ordnung justiziabler Normen strukturiert*, begreifen wir die „Rechtsfunktion" soziologisch als das, was ethisch die Gerechtigkeit war und ist, nämlich als die „Rechtsidee",[66] sodass wir der gesellschaftlichen Funktion nicht mehr und nicht weniger gerecht würden, wenn wir stattdessen definierten, ‚das Recht der Gesellschaft' sei *die Wirklichkeit, die Anteil an der Rechtsidee hat*.[67]

---

[65] Vgl. Luhmann, *Rechtssoziologie 2*, S. 342. Das Recht sei nicht mehr das „gute, alte Recht", das dank seiner in der Vergangenheit begründeten und durch deren Unveränderlichkeit symbolisierten Invarianz gelte. Die Geltung des Rechts beruhe jetzt auf seiner auf Zukunft hin interpretierten Funktion (a. a. O., S. 347).

[66] Vgl. G. Radbruch, *Rechtsphilosophie*, 3. Aufl., Verl. von Quelle & Meyer, Leipzig 1932, hrsg. von R. Dreier und S. L. Paulson als Studienausgabe im C. F. Müller Verlag, 2. Aufl., Heidelberg 2003.

[67] Vgl. H. Pačić, *Erhaltung und Gestaltung*, S. 108.

## Rückblick

Das Recht als Struktur der Gesellschaft *steht* nach wie vor der Industrialisierung unter der Anforderung der Gerechtigkeit, die aus systemtheoretischer Sicht das Erfordernis der kongruenten Generalisierung zur Stabilisierung normativer Verhaltenserwartungen symbolisiert.[68] *Im* Rechtssystem ist ‚Gerechtigkeit' die unter dem Gesichtspunkt der Gleichheit immerzu zu erfüllende *rechtseigene* Forderung „adäquater Komplexität konsistenten Entscheidens".[69]

[68] Vgl. Luhmann, *Rechtssoziologie 1*, S. 188 f.
[69] Luhmann, *Das Recht der Gesellschaft*, S. 111-115, 218 ff. (225 f., 231), 357; Luhmann, *Die Ausdifferenzierung des Rechts*, S. 388, 390 ff.